カリスマ・ナニーが教える

1週間でおむつにさよなら! トイレトレーニング講座

ジーナ・フォード
高木千津子=訳

朝日新聞出版

カリスマ・ナニーが教える
1週間でおむつにさよなら！
トイレトレーニング講座

装幀　岡本健＋
装画・挿絵　石川恭子

目次

第1章 はじめに

第2章 トイレトレーニング準備編

第1章

はじめに

はじめに

子育てに関するありとあらゆる疑問と同じように、何歳でトイレトレーニング（以下「トイレトレ」）を始めるのがいちばんいいかは、専門家により大きく意見が分かれます。このことが、おむつを卒業させる準備が子どもにできているかどうかを判断するのを大変難しくしています。

育児の専門家たちの多くは、子どもが卒業の時期を自ら決めるべきだとアドバイスしています。ところが、早ければ9カ月になった時点で、毎日定期的に子どもをおまるに座らせるのがベストだと言う人もいるのです。ナニー（乳幼児の世話をする乳母）のスミス女史は、子どもがおまるにバランスよく座っていられるように、ベビーサークルの柵に布おむつで体をくくりつけるという方法を勧めています。そのような方法が特定の子どもに効くことも時にあるかもしれません。けれども、すべての子どもに例外なく当てはまる方法などありません。

トイレトレの成功のカギとなるのは、子どもの準備ができているという点だけではありません。親であるあなたと、そしてその他の家族の心構えができているかどうかも重要なのです。たとえ子どもがおむつを卒業する準備ができているように見えても、親の準備ができていなければ、大失敗に終わるだけです。

私のメソッドを厳密に実践すれば、通常1週間以内に効果が出て、トイレトレのときに親がよく陥る失敗を避けることができるでしょう。赤ちゃんや子育てに関する私のその他のアドバイスと同様に、このトイレトレのメソッドも、数えきれないほどの子どもたちの面倒を直接みてきた私の経験に基づいて編み出されたものです。

トイレトレーニングってなに？

トイレトレは、①トイレが必要なタイミングを理解し、②トイレに行ってパンツを下ろして用を足し、③その後パンツを上げて手を洗ってタオルで拭く、までの一連の作業を子どもがひとりでできるようになったときに初めて成功と言えます。

トイレに行くタイミングを定期的に促されたり、パンツの上げ下げに手助けが必要だったりする子どもは、私の考えでは本当にトイレトレが終了しているとは言えません。これはすべて、子どもが膀胱《ぼうこう》や腸の動きをコントロールし、おしっこやウンチをある程度我慢できるようになるまでは、達成できません。これができるようになる年齢は子どもによりさまざまですが、その前にトイレトレを始めても、おもらしばかりすることになり、子どもにとっても親にとってもストレスのもとになるだけです。

何歳で始めればいい？

何歳でトイレトレを始めるのがいちばんいいのかとよく聞かれます。もちろん子どもは十人十色で皆違いますが、何百人もの子どものお世話をしてきた経験から言うと、ほとんどの場合は18カ月から24カ月の間にはトイレトレの準備が整います。

トイレトレに必要な膀胱《ぼうこう》をコントロールするための筋肉が十分に発達している子どもは、18カ月未満ではほとんどいないでしょう。あなたの母親や祖母世代の人たちが、昔は1歳になる頃にはトイレトレをしていたと言うのを聞いたことがあるかもしれませんが、実際には子どもではなく、「母親がトレーニングされていた」というのが現実だと思います。

一日中頻繁に子どもをトイレに連れていって、おまるやトイレに座らせていれば、たまたまおしっこやウンチが出ることもあったでしょう。昔のように布おむつを使っていた時代であれば、こうすることでおむつを頻繁に洗ったり消毒したりする手間も省けます。しかし、本当にトイレトレが完了していたかというと、そうは言えないと思います。

ここで強調しておきたい大事なポイントをもう一度申し上げます。完全にトイレトレが終了している子どもというのは、おしっこ・ウンチをしたいというタイミングをきちんと理解し、ある程度それを我慢することができ、ひとりでおまる・トイレに行ってパンツを下げて、用を足したあと再びパンツをはくことができる子のことです。おしっこやウンチがしたいというのはわかっていても、服の脱ぎ着がひとりでできない子どもでは、トイレトレはなかなかうまくいきません。

どんな子が始められる？

子どもが18カ月を迎えたら、トイレトレの準備編に進むことができるかどうかをチェックするための兆候がいくつかありますので、気をつけて見ていてください。トイレトレを成功させるには、ある程度のことが自分でできるようになっていなければいけません。

子どもの準備ができているかを判断するためのチェック項目は次の通りです。

1. 月齢が18カ月以上である。

2. 長いお昼寝から目を覚ましたときに、おむつがぬれていない場合が多い。最後に替えてから数時間たってもおむつがぬれていないのは、膀胱《ぼうこう》が発達してきていることを意味する。

3. ウンチとおしっこの違いがわかっている。例えばウンチをしているときには静か

になって集中して力んでいる。またおしっこやウンチをしたときに、おむつを指して、「おしっこ」、「ウンチ」と言う。

4. 簡単な指示を理解し、その通りにすることができる。例えば、「赤いボールを取ってきて」、「おもちゃを箱に入れて」など。

5. 着替えのときに、靴や靴下、パンツなどを自分でも積極的に脱ごうとする。また、パンツを上げる、下げるという言葉を理解している。

6. 「おへそはどこかな」、「お鼻はどこかな」など、体の特定の部分を指定すると、その場所を指で示すことができる。

7. おもちゃや本、DVDなどがあれば、5分から10分はきちんと座ってなにかに集中することができる。

これらのことがすべてできていない場合は、準備編には進まないほうがいいでしょう。たとえ2時間おむつがぬれていなくても、一度に数分以上きちんと座っていられない子や簡単な指示に従えない子では、トイレトレが難航するだけだからです。その場合は、子どものできることが増え、正しい時期が来るまで待ってから準備編を始めたほうが賢明です。

トイレトレを短期間で成功に導くカギは、親と子どもの両方の準備ができているときに始めることだということを忘れないでください。

がんばり表

服の脱ぎ着、おもちゃの片づけなどのお手伝いをお願いしたときに、なかなか言うことを聞かない子どもに手を焼いている場合は、「がんばり表」を導入してみてはどうでしょうか。

子どもが進んでそれらのお手伝いをしてくれたら、たくさんほめ、星型のシールをあげて表に貼っていきます。たとえ、がんばり表がなにかを子どもが完全に理解していなくても、貼られた星の数を見れば、子どもがその日どれくらい進んでお手伝いをしてくれたのかがよくわかります。

私は子どもにお手伝いをお願いしたときに枠のなかに×印をつけ、子どもがそれを進んでやってくれたときにその上からシールを貼るようにしていました。こうすることで、子どもがどれほど進んでお願いを聞いてくれたかが一目瞭然だからです。4〜5日続けて、ほぼすべての×印がシールで覆われ、その他の条件もすべてクリアしているようであれば、準備編へと進みましょう。

マーク（4歳）の場合

私がマークの妹のお世話をすることになったとき、彼は3歳9カ月でした。マークの母親はそれ以前に2回トイレトレを試みたようです。1度目はマークがちょうど2歳を過ぎた頃、そして2度目は2歳半の頃です。どちらのときも、マークはおまるに座るように言われるたびに癇癪《かんしゃく》を爆発させ、大失敗に終わりました。

母親は、再びトイレトレを始めるのはやめて、マークが自分からその気になるまで待つようにと保健師さんからアドバイスを受けます。4歳になる頃にはマーク本人がおむつを嫌がるようになっているはずだから大丈夫だと念を押されました。

おそらくほとんどの場合そうなるとは思います。しかし、トイレに行かなければいけないのは十分理解できる年になっているのに、頑《かたく》なに拒否する非常に頑固な子も稀《まれ》にいます。マークもその1人でした。パパやママがどんなことをお願いしても、毎回ぐずるか癇癪《かんしゃく》を起こすだけでした。

朝の着替えも戦争でした。母親がマークをおだてて服を着せようとするのですが、着替えが終わる頃には40分たっていることもざらでした。おまけに、最終的には母親がマークの体を押さえつけながら服を着せなければならず、結局マークが狂ったように泣きわめいて終わることがほとんどでした。同じことが夜寝る前にも起こります。

食事の時間はさらなる悩みの種でした。マークが十分食べていないのではないかといつも心配していた母親は、結局スプーンで食事を口に運び、全部食べたら食後にお菓子やアイスクリームをあげると約束していました。

マークが4歳になる頃、トイレトレの準備ができていると思うか聞かれた私は、「服の着替えやおもちゃの片づけ、食事など、生活の基本的なことに関する指示を聞けるようにならなければ、トイレトレの最初のステップすらなかなかうまくいかないだろう」と、正直に自分の意見を言いました。そこで、マークのやんちゃに対処するための基本的なルールをリストアップすることにしました。日々の行いが改

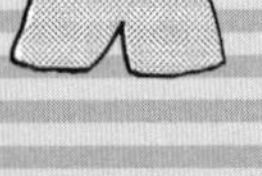

善すれば、トイレトレもスムーズにいくに違いないと思ったからです。

まず初めにしたのは、がんばり表を作ることでした。3つの目標を選び、それをきちんと達成することができれば、星マークをあげることにしました。1番目が、パパやママの助けなしでお行儀よく食事をすませること。2番目は、自分で着替えをすること。3番目は、頼まれたらおもちゃを自分で片づけることでした。マークには、1日に4つの星マークを集めることができたら、その日の最後にごほうびの箱から、4つお菓子を選んでもいいと伝えました。

最初の数日は悲惨な結果に終わりました。ごはん時にはやんちゃが炸裂、着替えをするように言うと、部屋中に服を撒《ま》き散らしました。このような癇癪《かんしゃく》には、冷静に、いつも同じ方法で対処することが大切だと母親に説明しました。もしも食事を嫌がったら、「わかりました。お腹が空いていないということね」と言って、他には何も言わずお皿を下げます。1~2時間後にお腹が空いたと言っても、次のおやつか食事の時間までは食べ物をあげないようにします。

着替えに関しては、「着替えが終わったら、一緒に公園に行こうね」と伝え、マークをひとりで部屋に残します。2~3分おきに部屋をのぞいて、「服を着たら一緒に公園に行くんだよ」と約束を思い出させます。でも決して着替えは手伝いません。おもちゃの片づけを嫌がるときは、遊んでいたおもちゃを取り上げて、きちんと大事にすると約束できたら、次の日に返すと言いました。

最初の2日間は悪夢のようでした。おもちゃや服が散乱し、着替えに2時間かかったこともありました。朝と昼のごはんのほとんどは、床に落ちているかゴミ箱に捨てられているといったありさまでしたが、母親は決めたルールは曲げず、イライラしたり怒ったそぶりも決して見せませんでした。時にそれは大変難しいことでした。ですがマークに何度も、いい子だったら星マークがもらえること、そして4つ貯まったらごほうびがもらえることを告げました。

3日目になると事態が好転してきました。星マークを3つ獲得したのです。そしてその日の夜ごほうびがもらえるように、マークには内緒で、4つ目の星をがんばり表に貼りました。ほぼ3日間、お菓子もビデオもなしだったマークは、いい子にしていたことでごほうびがもらえて、大喜びしました。どんなにいい子だったか大《おお》袈《げ》裟《さ》にほめたたえて、パパやママがどんなに感心しているかを伝えました。

1週間もたつ頃には、マークは別人のように変身していました。着替えも食事も

自分でし、おもちゃの片づけも進んでしました。私はこれでトイレトレの準備もできたと感じました。年齢を考えて、いきなりトイレトレ本番から始めるようアドバイスしました。次の週の月曜日、がんばり表にもう1つ枠を増やし、「もうマークは大きいのだから、パパみたいなパンツマンになろうね。そしておしっこやウンチはおまるかトイレでするんだよ」と説明しました。

成功するたびに、特別な金の星マークをあげて、1日に4つ貯まったら、夕食後にアイスクリームかゼリーをあげることにしました。最初の2日は何度もおもらしをしてしまいましたが、それでもなんとか1日に4つの星を獲得していました。4日目には、日中は1度もおもらしすることなく、ほとんどの場合進んでトイレで用を足すようになっていました。

その後も夜はおむつを使っていましたが、3カ月過ぎた頃には、朝になってもおむつがぬれていない場合がほとんどでした。そこで、部屋にナイトランプをつけおまるを常備し、寝ている間におしっこがしたくなったら、起きておまるを使うように説明しました。最初の数夜こそおもらしもしましたが（1度はベッドのなかで、もう1度はおまるの使用中のことでした）、それ以降はまったくしていません。

第2章

トイレトレーニング準備編

必要なもの

トイレトレの準備を始めるにあたって、まずは正しい道具をそろえましょう。

☆おまる

一軒家の場合は、おまるは必ず2つ準備しましょう——たとえば1階と2階にそれぞれ1つずつあれば、いちいち上へ下へと持ち運ぶ手間が省けます。トイレトレの初期の段階では、子どもがおまるに向かうよりも、おまるを子どものところに持っていくことのほうが多いということを覚えておいてください。

デザインはシンプルで頑丈なものを選びます。縁が厚めで、前に飛び跳ねを防ぐガードがあるもの。また、子どもが立ち上がったときにグラグラしないように、底の部分が安定しているものがいいでしょう。見栄えで選んだり、フタがついているなどの凝ったデザインのものは避けてください。おまるを2つ準備する場合は、まったく同じデザイン・色のものにしてください。2階の赤いおまるでおしっこをしたいから、1階の緑のおまるではしたくないと駄々をこねられ、困ったことが何度かあるのです。

☆補助便座

トイレの便座に取り付けるようにデザインされた補助便座というものがあります。座り心地が良く、子どもがグラグラしないようにつかまることのできるグリップがついたものを選んでください。

☆クッション

完全にトイレトレが終了するまでは、車やベビーカーでの移動の際は、予防策をとりましょう。薄めのクッションを買って、ビニール製の布で覆い、その上から取りはずし可能で洗濯ができる、かわいらしい柄のカバーをつけます。ベビーカーやチャイルドシートでの移動中や友達の家を訪ねるときに、「スペシャル・クッション」として使ってください。

シート部分にビニールをかぶせておくだけでは心もとないうえに、ビニールがかぶせてあるのが見えると、子どもも気を許し、おしっこがしたいと言わなくなりがちなのです。しかしこのクッションならばビニール部分は見えませんし、自分だけの特別なクッションだと思えば、おもらしで汚してしまわないようにがんばるはずです。

☆パンツ8枚

パンツの上げ下げがひとりでも楽にできるように、実際のサイズより2サイズ大きいものを購入するのが重要です。洗濯や乾燥機によって縮むことも考慮に入れてください。

トレーニングパンツやパンツ型の紙おむつは決してお勧めできません。おむつをいったんやめたら、就寝時以外は決して使用しないようにしましょう。パンツ以外のものは、子どもを混乱させるだけですので、私は使用しません。

☆絵本、ＣＤ、ＤＶＤなど

おまるに座っている時間に子どもが退屈しないように、絵本や楽しい曲の入ったＣＤをいくつか購入するか、近くの図書館から借りてきましょう。おまるを使うのを頑《かたく》なに拒否する子どもであれば、最終手段として子どもの好きな番組を録画して使用しましょう。

☆ハンドタオル

小さな子どもにとっては、普通のタオルよりも小さなハンドタオルのほうが手が拭きやすいようです。おまるやトイレを使用したあとの手洗いを喜んでするように、お気に入りのキャラクターがついたハンドタオルを選んで、数枚用意してください。

☆踏み台

手を洗うときに洗面台に楽に届くように、子どもが立つための踏み台も必要です。後々トイレに座るために使用することもできます。

☆服

トイレトレの最初の数日は、用を足すときにいちいち上着をめくりあげなくてもいいように、短めのTシャツなどを着せるのがベストです。さらにトイレトレが軌道に乗っても、おまるやトイレを使うときに簡単に素早く脱ぎ着ができる服装を心がけてください。例えば、股《また》の部分にスナップがある肌着は、ないタイプのものに替えてください。オーバーオールや、ベルトやボタンがたくさんついたズボンも避けましょう。トイレトレが終わるまでは、下はシンプルな短パンやジャージ、上はTシャツやトレーナーなどが好ましいでしょう。

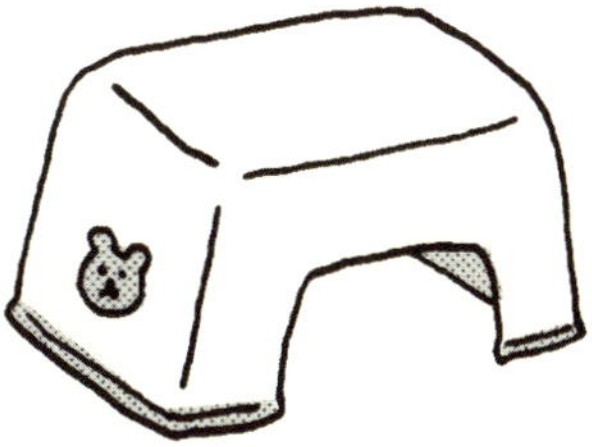

☆バケツ2個

おむつをはずして準備編のステップ3を始めるときに使用します。片方にはぬるま湯と消毒液を入れておもらしの処理用に、もう1つには水と洗剤を入れてぬれたパンツを浸《つ》けておくのに使いましょう。

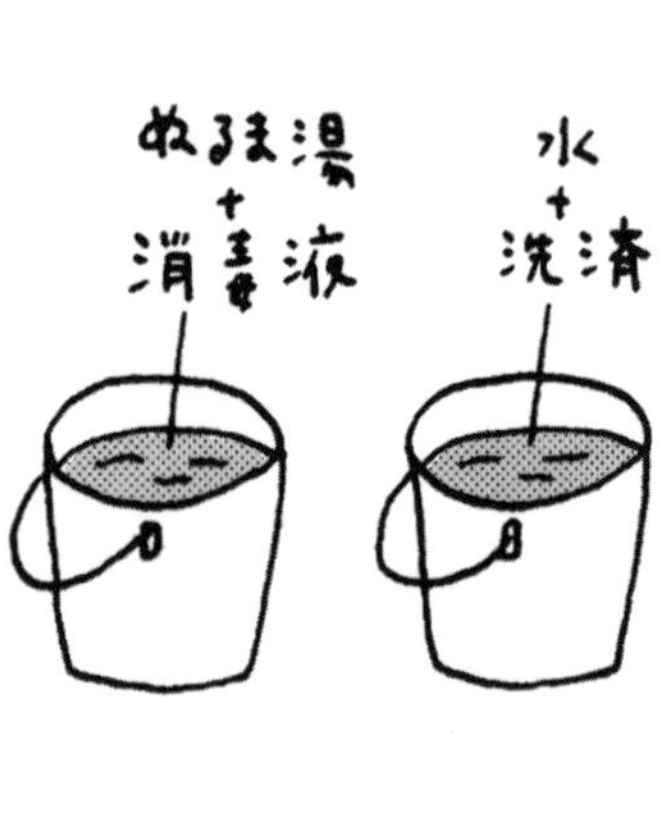

☆がんばり表

子どもの名前を書いたカラフルながんばり表を作ってください。いろいろな大きさや色の星型のシールを入手します。数回続けておまるでのおしっこに成功したときは、ごほうびとして特別大きなシールを貼ってあげてください。

ステップ1　おまるに座ってみよう

子どもが18カ月を過ぎて、先に述べたチェック項目をすべてクリアしていたら、おまるが何のためのものかを説明してみましょう。きちんと理解できるはずです。おまるに慣れさせるように、子どもがトイレトレを始める準備が整うずいぶん前からおまるを目につくところに置いておくようにアドバイスする専門家も多くいるようです。

しかし私の経験では、子どもは大変飽きっぽく、必要になる前からおまるが身のまわりにあっても、ブロックなどを入れるおもちゃだと勘違いするだけでした。ですから、14～15ページの条件をすべてクリアするまでは、導入を待つことをお勧めします。

これくらいの年齢の子はみんな「ごっこ遊び」が大好きですので、最初のステップとして、子どもをできるだけ頻繁にトイレに連れていって、おまるやトイレに座るように誘ってみましょう。おむつはまだつけたままで大丈夫です。あなたが用を足している様子を見せて、何をしているか説明してください。後々何をすればいいのかをわからせるのにとても効果があります。この段階で重要なのは、わかりやすく簡単な言葉と身振りで、あなたが何をしているかを説明する間、子どもがじっとおまるに座っていられるようになることです。

以下の例で、子どもに伝えるべき大事なポイントを説明していますので、ご覧ください。

★「ママ、おしっこに行かなくちゃいけないの」
　↓子どもの手を引いて、トイレに連れていく。

★「ママはトイレでおしっこをするんだよ」
　↓子どもにトイレを見せて、どこにおしっこをするのかを教える。

★「パンツを脱がなきゃね」
　↓パンツをどうやって脱ぐかを見せる。

★「ママはトイレに座って、おしっこをするね。○○（子どもの名前）はおまるに座ろうか」
　↓子どもがおまるに座ったら手を叩《たた》いて、「こんなに上手におまるに座れるなんて、すごいね」とほめる。

★「おしっこが終わったよ。パンツをはくね」
→パンツをはいているところを見せる。

ジェシカ（22カ月）の場合

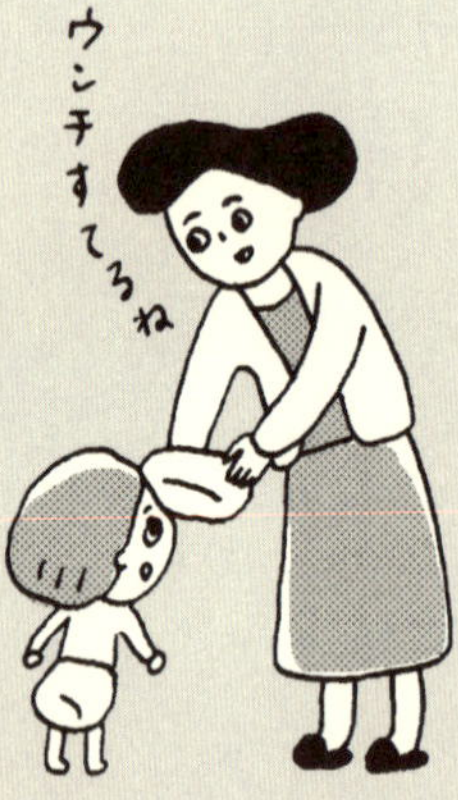

ジェシカが生後6日の頃から、母親のエリザベスは『赤ちゃんとおかあさんの快眠講座』のスケジュールを実践していきました。ジェシカは8週目から、午後10時の授乳以外は夜7時から朝7時までぐっすり眠るようになり、4カ月の頃には夜7時から朝7時まで夜通し眠る優等生の赤ちゃんでした。22カ月になるまでは、お昼寝も1時間半から2時間しっかりしていました。

ところがある日のことです。ジェシカをお昼寝から起こしに行ったエリザベスは、ベビーベッドで裸になって頭の先からつま先までウンチまみれになったジェシカを発見しました。あまりの光景に驚いたエリザベスは、大声で叫んでしまったのです。

ジェシカはなにがいけないのかをまったく理解していませんでしたが、ママのあまりのリアクションに恐れをなして、急に大泣きしはじめました。エリザベスは汚れたジェシカを抱きかかえて、「くさいウンチをすぐにきれいにしてあげるからね」となだめました。

すっかりきれいになったジェシカは、またもとの機嫌のいいジェシカに戻り、その後は何事もなく過ぎていきました。しかし、夜になってベビーベッドに連れていくと急に騒ぎはじめ、寝るのを嫌がるではありませんか。結局寝入ったのは約2時間後のことでした。その日の夜は3度も目を覚まし、そのたびにエリザベスが寝かせつけなければいけませんでした。

そして次の日の午後のことです。エリザベスがジェシカをお昼寝させようとしても、彼女は叫びながら頑《かたく》なに拒みつづけました。夜も同じで、ベビーベッドに連れていこうとすると大騒ぎするのです。

体調が悪いのではと思ったエリザベスは、ジェシカを病院に連れていきました。くまなく検診を受けたものの、なにも病気は見つからず、その日の夜も前夜同様の結果に終わりました。そして次の日、ジェシカの睡眠パターンがなぜ突然変わってしまったのかを知るために、藁《わら》にもすがる思いでエリザベスが私に電話をしてきました。

　彼女の話を聞いて、この問題の原因は、ジェシカがお昼寝の途中におむつをはずしてしまったあの事件にあると確信しました。ジェシカがそれまで自分のウンチを見たことがなかったのではないかという私の推測もエリザベスにより裏づけられました。おむつ替えのときには、さっさと畳んですぐにゴミ箱に捨てていたため、おむつの中身について語られることもなかったのです。

　ジェシカが初めておむつをはずしてウンチを見たとき、たいていの子どもがそうであるように、自然と見たものに関心を示しただけだったにもかかわらず、母親のリアクションを見て、悪いことをしてしまった気になったのでしょう。この事件と母親のショッキングな反応がベビーベッドのなかにいたときに起こったために、眠ることに悪い連想が植えつけられてしまったのだと思いました。

　おむつ替えのたびに言う必要はありませんが、時には「ゴミ箱に捨てる前に、このウンチをきれいに包んじゃおうね」などと言いながら、おむつのなかのウンチを子どもに見せてもいいかもしれません。決して「くさい」とか「気持ち悪い」など

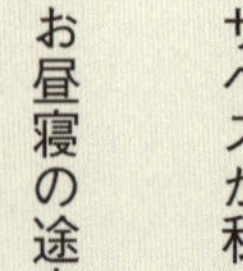

と言ってはいけません。体の自然な機能であるにもかかわらず、パパやママが悪気なく言った一言で、ウンチをするのを嫌がるようになってしまった子どもをたくさん見てきました。トイレトレの間にウンチをすることが汚いことだと思ってしまったら、ウンチを見たことがない子の場合、深刻な問題に発展してしまうこともあるのです。

エリザベスには、夜はベビーベッドのそばに座ってジェシカを安心させ、ウンチをしたときにはそれを見せるようにアドバイスしました。また、トイレに行くときにはジェシカを一緒に連れていき、ママもウンチをするのだと教えるように言いました。

1週間もすると、夜中にママを求めて1〜2度軽く目を覚ますことはあったものの、ベッドに行くときに騒ぐことは段々なくなってきました。また、ウンチに対する不安は消え、おまるでウンチをするようにもなりました。エリザベスには、もう1週間夜泣きにつきあうように伝え、ジェシカが完全にウンチに対する抵抗がなくなったら、もとの夜7時から朝7時の睡眠スケジュールに戻るように、数晩、快眠講座のトレーニングをするように言いました。

専門家のなかには、子どもがウンチを怖がったり我慢をしたりするのは、自分の体の一部を失うような気がするからだと言う人もいます。そのため、ウンチが流されていくのを子どもに見せないほうがいいというのです。しかし私は、1歳前後の子どもにはおむつの中身が何であるかをわからせたほうがいいと考えています。また、ジェシカのように体の自然な機能に抵抗感を抱いてしまわないようにするためにも、親がリラックスした態度で臨むのが好ましいでしょう。

ステップ2　一緒に手を洗ってみよう

あなたが手を洗っているときに、子どもも一緒に洗ってタオルで拭くように誘ってみましょう。洗っているときには水で手がぬれること、タオルで拭いているときには手が乾くことを、「ぬれる」、「乾く」という言葉を強調しながら示します。

ときにはわざとタオルに水をつけておいて、ぬれたタオルを触らせることで、乾いたきれいなタオルで手を拭くほうがずっと気持ちがいいことを教えます。その後、ぬれたタオルと乾いたタオルのどちらで手を拭きたいか選ばせてみてください。こうすることで、ぬれていることと乾いていることの違いと重要性を理解するのに役立ちます。

あなたの真似をして、手洗いを一緒にするようになり、トイレトレを始めるための条件をすべてクリアしている場合は、次のステップ3に進みましょう。

ステップ3　おむつをはずしてみよう

トイレに連れていったときに進んであなたの真似をし（ステップ1、2を参照）、その他のチェック項目もクリアしている場合は（14～15ページ参照）、お風呂の準備をしている間におむつをはずして、トイレやおまるに座ってみるように誘ってみてください。5分から10分で十分です。万が一その間に用を足すことができたら、たくさんほめてください。

ほめるときに大事なことは、なにに関してママが喜んでいるかを子どもにきちんとわからせることです。例えば、「おまるにきちんとお座りできて偉いね」、「トイレでおしっこができるなんて賢いわ」など具体的に言ったほうがいいでしょう。「なんていい子」などの言い方は、おまるでできなかったら「悪い子」なのだと考えてしまうかもしれませんので、なるべく避けてください。

お風呂の前に抵抗なくおまるに座るようになったら、朝食前後の着替えの時間や、お昼寝後などにも試してみるといいでしょう。そのときもおむつはきちんとはずして、短時間でもいいのでおまるに座るように誘ってみましょう。まだ練習段階にすぎませんので、なにも出なくても焦らないでください。

最低でも1週間、こうした時間に喜んでおまるに座っていられるようになったら、日中はパンツをはかせておまるを使うことを真剣に検討してください。

ここで言っておかなければいけないのは、トイレトレは子どもの準備ができているのはもちろんですが、あなたの心構えができているかどうかにもかかっているということです。たとえ子どもがステップ3をクリアしていても、あなたに100パーセント、トイレトレに取り組むための覚悟と時間がなければ、トイレトレ本番に進むのはお勧めできません。

こんなときはトイレトレを始めないこと

★今後2カ月以内に赤ちゃんが生まれる予定、もしくは過去2カ月以内に赤ちゃんが生まれた。

★新しい家に引っ越したばかり、もしくは引っ越す予定。

★子どもが病気から回復したばかり。
★保育園、幼稚園等を替えた。
★パパやママが仕事関係でストレスを抱えている。
★兄弟・姉妹が睡眠、もしくは行動に関するトラブルを抱えている。
★お出かけの予定が多い年末や休暇中。

アナ（25カ月）の場合

母親のソフィーがアナのトイレトレを始めたのは、アナが21カ月のときでした。年のわりに言葉の発達も早く大変賢い子でしたし、おまるにも興味を示していたため、トイレトレの準備はできていると確信していました。2カ月後に2人目を出産予定だったソフィーは、その前にどうしてもトイレトレを終わらせておきたかったのです。子どもを産んだ後の数カ月は疲労感でトイレトレをする時間も気力もないのはわかっていました。

トレーニングを始めて2週間もすると、たまにパンツをぬらす程度で、日中はウンチもおしっこもおまるかトイレですることができるようになっていました。

弟のジェームズが生まれて大喜びのアナは、特にヤキモチを焼く様子もなく、ほとんどの場合自発的にトイレで用を足していました。

ところが残念なことに、ジェームズは大変気難しい赤ちゃんだったのです。授乳中にも叫びつづけ機嫌の悪いときが多く、ジェームズが5カ月になる頃には、頻繁な夜泣きと日中の機嫌の悪さに、ソフィーはヘトヘトになっていました。

生後6週目の検診で深刻な逆流症と診断されたジェームズは薬を処方され、それにより授乳はスムーズになったものの、手のかかる赤ちゃんであることに変わりはなく、ソフィーは体力のありあまる幼児と要求の多い赤ちゃんの世話に振りまわされつづけました。

家庭内の雰囲気もピリピリしはじめ、アナがおもらしをする回数が増えてきました。そしてそれはほとんどの場合、ジェームズの授乳中に起こりました。赤ちゃんが生まれると、上の子どもがおもらしをしはじめることがあると読んだことがあったソフィーは、あまり気にしていませんでした。しかしある日のこと、特にジェームズの機嫌が悪く苦労をしていたときに、アナが3回続けておもらしをし、おまけにパンツにウンチをしてしまったのです。

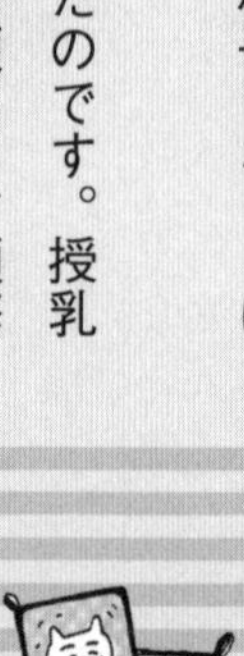

その頃には疲労もピークで我慢の限界に達していたソフィーは、カッとなってアナを叩《たた》いてしまいました。もちろんそれによって状況はさらに悪化し、それ以降アナのおもらしの回数は増えるばかりでした。そればかりか、社交的で手のかからなかった子が、シャイで気難しい子に変身してしまったのです。藁《わら》にもすがる思いで私のもとに電話をしてきたのは、アナが25カ月のときでした。

通常は、いったんトイレトレが完了している子には決しておむつをはかせないようにとアドバイスしているのですが、もちろん例外もあり、アナの場合がまさにそうでした。早い月齢でトイレトレを終了していたこともあり、アナはまだ25カ月でしたので、最低2カ月はおむつに戻すようソフィーに言いました。その間に赤ちゃんを夜通し眠るようにしつけられますし、逆流症の症状が改善すればその頃には授乳も楽になっているはずだからです。

アナがおむつに逆戻りするなど、負けを認めるようなものだとソフィーは感じていたようでしたが、これほどストレスの多い状況で問題を解決するのがいかに大変かを説明しました。

トイレトレ完了の月齢が低ければ低いほど、困難な状況に遭遇したときに逆戻りしてしまいやすいのです。下の子どもが生まれた時点でまだ年齢が2歳に達していないときは、たとえ子どもの準備が整っているように見えても、トイレトレの開始を2カ月ほど遅らせたほうがいいと思います。赤ちゃんの夜の睡眠パターンと日中のスケジュールが確立した時点で、子どもの様子が安定しているようであれば、トイレトレを試してみるといいでしょう。

結局ソフィーはアナが28カ月になるまで待ち、準備に3日費やした後、トイレトレ本番に進みました。トレーニングは2日で完了。その後はトラブルも起きていません。

トイレトレーニングにまつわる言葉

おまるを使いはじめたら、今度は体のパーツやその機能を説明するのに使う言葉を決めてください。保育園や幼稚園への入園が間近であれば、園の先生たちと話をして、どの言葉が使われているかを聞いてみてもいいでしょう。園で使われている言葉と統一することで、子どもも混乱せずにすむからです。どの言葉を使うかを決めたら、トイレトレの間は、家族全員で同じ言葉を使うようにしてください。

トイレトレがスタートして子どもがパンツをはきはじめたら、非常に大事なことは、おもらしをしてしまったときに、決して怒ったりイライラしたり文句を言ったりしてはいけないということです。

親や子どもの世話をしている人が、「まぁ、ダメな子ね。パンツがこんなにぬれてしまって汚いじゃない」とか、「なんてくさいウンチ」などと言っているのをよく耳にします。

体の機能に関してとても敏感で、おしっこやウンチへの文句を自分への文句だと受け取ってしまう繊細な子どももいるのです。おもらしをしたときの親の無神経な一言のせいで（特にウンチに関して）、おもらし以上の大きな問題に発展してしまった子どもたちを何人も見てきました。

ウンチ

おしっこよりもウンチを先にマスターする子どもも多くいます。これはおしっこよりもウンチを我慢するほうが簡単だからです。毎日決まった時間にウンチをするようであれば、その時間におまるに座らせてみてもいいでしょう。また42～43ページに書かれた時間にも試してみてください。

この段階ではうまくいかないこともちろんあります。おまるでウンチができることもありますし、おむつをした途端にしてしまうこともあります。もしそうなっても大騒ぎをせずおむつを替えて、「今度はおまるでしようね」と言うだけにしてください。大事なのは、たとえ毎回成功しなくても、嫌な顔をしたり叱ったりしないことです。励まして優しくサポートをしたほうが、結局うまくいくのです。

おまるを使いはじめたばかりのときは、2～3日ウンチを我慢して、結果おむつにウンチをしてしまう場合もあります。そんなときは、無理におまるでウンチをするようにプレッシャーをかけないようにしてください。さらに悪い事態を引き起こすだけです。2～3日ウンチをせず便秘になってしまっているようであれば、くだものや野菜の量を増やして、水も多めにあげてください。硬いウンチを経験した子どもは、さらにおまるやトイレでウンチをするのを嫌がるようになってしまうことがあるのです。

レオ（30カ月）の場合

レオはとても熱心にトイレトレに取り組み、25カ月の頃にはおもらしも一切しなくなりました。始めて2週間もすると、普通のトイレでおしっこをするようにもなっていました。ところが、なぜかウンチとなると、おまるもトイレも嫌がり、どんなにウンチがしたくなっても、お昼寝か就寝時におむつをつけるまで我慢するのです。

レオの生まれたばかりの妹のお世話をするために私が雇われた頃には、レオにウンチをさせることが大きな悩みの種となっていました。時には3〜4日我慢することもあり、やっと出た頃には、ウンチはすっかり硬くなっていました。硬いウンチ

をするのは楽ではありません。レオはさらにおまるやトイレでウンチをするのを嫌がるようになってしまいました。

　おしっこよりもウンチのトレーニングに時間がかかるのは極めて普通ですが、おまるやトイレでウンチをするのを一切拒む子どもの場合、対処法を間違えると大きな問題に発展します。レオがまさにそうでした。

　見ていると、レオのナニーが1日数回トイレに座ってウンチをするようレオに強要しているようでした。レオはもう大きい子なのだ、大きい子はパンツにウンチなどしないのだと言い含めていました。友達はもうみんなトイレでウンチをするいい子であること、そして赤ちゃんのようなレオのことをみんなが笑っていると絶えず言っていたのです。パンツにウンチをするたびに、どれほどくさくて気持ち悪いか嘆いているのも聞かされていました。

　ナニーはよかれと思ってしていたのでしょうが、トイレでウンチをさせることに囚《とら》われすぎていたせいで、レオはすっかり不安になり、かえって我慢するようになってしまったのです。ジェシカ（36ページ参照）のケースでもわかるように、トイレトレを始めるまでは、自分のウンチすら見たことがない子もいます。ですから、

ようやくウンチを目にして、いかに気持ち悪いものかと言われたら、トラウマになってしまうこともあるでしょう。ウンチを絶えず我慢していれば、ひどい便秘にもなりますし、ようやくトイレに駆け込んでも、そのせいでかなりの痛みを伴うことになります。

私はナニーとレオの両親に、トイレやおまるでウンチをするように強要するのはやめるべきだと伝えました。その後の1週間は、パンツやおむつにウンチをしようとも、一切何も言わずに過ごしました。「くさい」とか「汚い」といった類《たぐい》の言葉は決して使わないようにしなければいけません。また、便秘が解消し毎日ウンチが出るようになるまで、水分やくだものの摂取量を増やすように助言しました。

毎日ウンチが出るようになったら、どんなに偉かったか、また軟らかいウンチをトイレでするほうがどんなに楽かを伝えるようにしました。それ以外余計なことは一切言わないのが重要です。3週間近くかかりはしましたが、ようやくレオも自発的にトイレに行き、ウンチをするようになったのです。

そこで、がんばり表の枠をトイレトレ用に1列増やし、星が6つ集まったらごほうびをあげることにしました。その後も便秘にならないように食事に気をつけ、十分な量のくだもの、野菜、水分を摂《と》らせるよう心がけました。レオはその後も大人用のトイレを使いつづけ、今ではいかに大きなウンチが出たかを自慢するまでになりました。

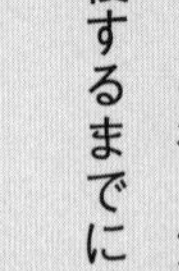

双子の場合

双子のママたちに、私のトイレトレのメソッドは双子にも効果があるのかを尋ねられることがよくあります。私はいつも、双子の両方の準備が同時に整っていればうまくいくと答えています。しかし私の経験から言うと、そういうケースはかなり稀《まれ》です。双子の片方は始める準備ができていても、もう1人がそうでなければ、トイレトレを一緒にスタートさせても大失敗に終わるだけです。準備ができていない子どもにトイレトレを強要しても、精神的にも肉体的にも大きなプレッシャーを味わわせるだけです。

双子の両方の準備が整っているようであれば同時に始めることもできますが、私は通常最初の数日は、汚れたパンツやおもらしの後片づけを手伝ってくれる人をお願いするようにしています。

双子の片方だけが準備が整っている場合は、その子のみトイレトレを始めます。しかしその場合は、もう1人の子を1日何時間か別の人に預かってもらうようにしています。できるだけ邪魔が入らないようにするためと、準備のできていないもう1人の子が引け目を感じないようにするためです。

私の経験上、おまるを使うようにプレッシャーをかけさえしなければ、2人目の子もあっという間に自発的に使いはじめる場合が多いのです。

双子のトイレトレーニングのポイント

★あまり急いでトイレトレを始めないこと。最低子どもが2歳になるまで待つ。

★特に他に兄弟姉妹がいる場合は、双子を別々にトレーニングしたほうが楽な場合が多い。

★おまるや補助便座はまったく同じ色・デザインのものを用意すること。1つのものを争って喧嘩《けんか》しないように。

★双子を同時にトイレトレする場合は、2人を比較しないこと。どちらか1人がプレッシャーを感じることになるので、競争にはしない。

★洗濯が間に合わなくても焦ることがないように、通常より多めにパンツやフェイスタオルを用意すること。

ケイトとトビー（26カ月）の場合

双子のケイトとトビーが2歳の誕生日を迎えたとき、スザンナはトイレトレの準備編を始めました。2人ともおまるに座るのは上手にできるようになり、最初は夜お風呂に入る前に、それから2週間後には朝にも座るようになりました。準備編を始めてから1カ月もすると、2人ともトイレトレ本番の準備ができているように見えたため、スザンナはおむつをはずすことにしました。最初の日は2人ともたくさんおもらしをしていましたが、トビーは5回、ケイトは2回、おまるでのおしっこを成功させました。

2日目。もっとおまるを使うように、がんばり表を始めることにしました。穏や

かな性格のトビーは、進んでおまるでおしっこをし、おもらしも3度ですみました。ところが、自由奔放で頑固なところがあるケイトは、おまるを使うのに反抗しはじめ、母親に言われると機嫌を損ねるようになりました。

3日目。トビーのおもらしはたったの2回ですみましたが、ケイトはどんどんおまるに対して拒否反応を示すようになりました。スザンナはその夜、助言を求めて私に電話をしてきました。トイレトレの準備ができているのは明らかなのに、なぜケイトだけ進展がないのか理解できないと言います。このような振る舞いは双子では極めて一般的なことを伝え、トビーのトイレトレを継続し、ケイトは自分からパンツをはきたいと言いださない限りおむつに戻すように言いました。

残りの4日間も、トビーはたまにおもらしをすることもありましたが、それ以外はおまるを使いつづけました。毎朝スザンナはケイトにおむつをして、またパンツがはきたくなったらママに知らせるように言いました。

2週目の中頃には、トビーはおもらしをすることもほとんどなくなりましたが、ケイトは相変わらずおまるを使いたがる気配すらありませんでした。スザンナは、ケイトのトイレトレが難航するのではと心配していましたが、ケイトがやりたいと自分から思えば、トビーと同じくらいの早さでトイレトレが進むはずだと保証しました。ここで大事なのは、ケイトにプレッシャーを与えないこと、そして準備編すら始めないことなのです。ケイトがやっとパンツをはきたいと言いだすまで、そこからさらに1カ月を要しました。そして始めて2日もすると、トイレトレは終了していたのです。スザンナはがんばり表を使う必要も、ケイトにトイレに行くよう促す必要もほとんどありませんでした。

これは双子ではかなりよくあるケースです。その他の成長段階でも言えることですが、子どもはそれぞれ違うということ、そして双子だから同じペースで成長していくと思ってはいけないということをいつもご両親に助言しています。

トイレトレーニング本番に向けて

通常、ステップ3が始まって1〜2週もすると、ほとんどの子どもはトイレトレ本番に進む準備ができます。しかし子どもが3歳近い場合は、もう少し早く準備ができるかもしれません。子どもは準備ができているのに、あなたや他の家族のタイミングが整っていない場合は、時期が来るまでステップ3を継続してください。

けれども、あなたにとってもタイミングがよく、子どももすべての条件をクリアし、ステップ3でも進んでおまるに座っているようであれば、トイレトレ本番を1週間で成功させることができるはずです。

ここでとりわけ重要なのは、最初の2日間は特に、あまりお出かけの予定がない週を選ぶことです。友人や家族にも、トイレトレを始めるため、日中は忙しいことを伝えておきます。他に兄弟姉妹がいる場合は、パパの協力が見込める週末に始めるのがいいでしょう。

短期間でトイレトレを成功させるには、100パーセント集中して行えるように、またトレーニングに必要な時間を確保できるように、あなたに気持ちの余裕があり、兄弟姉妹もある程度の生活スケジュールが確立されていることがとても重要なのです。

最初の2日間は、あなたからのつきっきりの働きかけと励ましが必要です。そうでなければ、子どもはあっという間に興味を失ってしまうでしょう。

トイレトレーニングの場所

私が読んだもののなかでは、子どもが日中パンツをつけずに外を走りまわることのできる夏にトイレトレをするべきだというアドバイスが大変多いようでした。気候がよく、ちょうどその時期に子どもの準備が整っているのであればそれでも構いませんが、個人的には、そのような方法でトイレトレをしたことはありません。というのも、私にとってトイレトレとは、おむつを卒業しパンツに変わることであって、それは1日目からでなければいけないからです。

私も最初の1日ぐらいはパンツをはかせずに子どもを走りまわらせることもありますが、それ以上その状態を続けることには意味がないと思っています。私にとってトイレトレのポイントは、子どもがぬれている状態と乾いている状態の違いを理解することにあるからです。これをわからせるにはパンツをはかせておいたほうがずっと簡単です。またパンツをはかせておけば、家の中でおもらしをしてしまっても、パンツがほとんどのおしっこを吸収するため、カーペットなどがぬれてしまうことも防げます。

もちろんおしっこで床に水たまりができることもあるでしょう。ですから、最初の2日間は、子どもが遊ぶ部屋の数を2部屋ほどに制限しておくといいでしょう。トイレトレ初日の朝は、ほとんどの家事をこなしながらも子どもにしっかり目が行き届く部屋、つまりキッチンなどから始めてみてはどうでしょう。皿洗いやお菓子作りなどを一緒にすることもできますし、もしおもらしをしてしまっても、後片づけが楽にできます。

カーペットの部屋に移動するときは、使い古した敷物や厚みのあるタオルを二重にして、その上におまるを置いてください。というのも私の経験上、おもらしは、あと一歩というところで間に合わず、おまるの周りで起きてしまう場合がほとんどだからです。

衛生管理

トイレトレの初期段階では、お尻拭きや手洗いを手伝う必要があります。3歳になる頃には、子どももできることが増えて、自分でやりたがるようになります。きれいにお尻を拭く方法（女の子の場合は、前から後ろに）や、きちんと手を洗う方法を一緒に練習するのはとても大切です。珍しい石けんやキャラクターがついたハンドタオルがあると、手洗いも楽しくなるはずです。トイレトレを始めたらすぐに、衛生管理をしっかりすることがいかに大切かをきちんと説明してください。

第3章

トイレトレーニング本番

【7日間のプログラム】

1日目

トイレトレ初日、朝食をすませたら、パンツをはかせます。私は通常最初の数日は、ズボンや靴下は脱がせておきます。準備編に書かれたことをすませていれば、子どもも何をすればいいか理解しているはずですので、指示はわかりやすくシンプルにするように心がけてください。もう大きな「お兄ちゃん」「お姉ちゃん」なのだから、ママやパパみたいにパンツをはいて、おまる（トイレ）でおしっこやウンチをしようね、と簡単に説明します。

自分がトイレに行く場合も今まで通り子どもも一緒に連れていき、何をしているかを教え、おまるに座らせて一緒におしっこをしようと誘ってください。できるだけポジティブでリラックスした雰囲気で進めましょう。たとえおもらしをしてしまっても、決して責めたり、がっかりした様子を見せたりしないでください。おまるに座ってどんなに偉いか、また、ママやパパのようにパンツをはいて、いかに大人みたいでかっこいいかという点を強調しましょう。

最初の2日間は、おまるに座るように何度も働きかけなければいけません。ですので、その日はできるだけ一部屋にとどまってトレーニングをするのが理想的です。別の部屋と行き来しなければいけないときは、それぞれの部屋に絵本などを用意しておくのを忘れないでください。ほんの数分でも別の部屋に行かなければいけないときは、子どもと一緒に、おまるも持って移動しましょう。

15分おきにおまるに座るよう誘ってみてください。5～10分座っていられると理想的です。必要であれば、子どもの隣に座って本を一緒に読んであげてください。機嫌よく長く座っていられる子もいますし、あっという間に飽きてしまう子もいます。あなたの子どもが後者の場合は、本を見たり、用意した音楽に合わせて歌ったりするように誘ってみまし

ょう。何度か上手におまるを使えたら、誘う間隔を少しずつあけていってください。

数回続けて成功するのにどれくらい時間がかかるかは、子どもによって違います。2時間ほどで定期的におまるでおしっこをするようになる子もいれば、何時間もかかる子もいます。それなりの結果が出るのに丸2日待たなければいけないケースも何度かありました。

おまるで成功する前に何回もおもらしをしてしまっても、ガッカリしないでください。いったん2回続けておまるでおしっこができたら自信がついて、その後はそれをあなたに見てもらおうとがんばるはずです。

おもらしをしてしまったら

1日目にたくさんおもらしをしてしまっても、ガッカリしないでください。だからといって、トイレトレ本番の準備がまだできていないというわけではないのです。数時間で用意したパンツをすべてぬらしてしまった子もいました。

ここで大事なのは、おもらしをしてしまったときに、大騒ぎしたり不機嫌な顔をしたりしないことです。ぬれたパンツを交換して、パンツをはいていてどんなにかっこいいか、おまるに座れてどんなに偉かったか伝えます。そしておまるでのおしっこに成功したら、どんなにすごいか、そしてパパに教えたらどんなに喜ぶかを言いましょう。おもいきりほめてギュッと抱きしめるのが、トイレトレを続けていくのにいちばん効果的な方法なのです。どんな子どもでも、批判されるよりも励まされ、ほめられるほうにポジティブに反応します。さらにがんばり表で、どれほど成功したかを目で確認することができるのです。

おもらしをしたときにすぐに処理することができるように、消毒液とぬるま湯の入った小さなバケツを準備するのを忘れないでください（子どもの手の届かないところに置きましょう）。

トイレに間に合わなかったという失敗に意識が向かないように、片づけは何も言わずに行います。おしっこやウンチのついたパンツを浸《つ》けておけるように、水と洗剤を入れた小さなバケツも用意します。ウンチがパンツにたくさんついてしまったときは、ゴム手袋をしてパンツを持ち、便器に入れて水を数回流して汚れを洗い落としてください。

また私は、トイレトレの進行状況を細かく書き込むための表を自分用にもつくっていました。どれくらいの頻度でおしっこをしたくなるか、またトイレでのおしっこに成功した場合も、自発的に行ったのかなどのパターンを理解するのに大変役立ちます。

次ページのような簡単な表で結構です。おしっこをするたびに、該当する枠に○印をつけていきます。「おまる」の列には、あなたに言われておしっこをした場合は○１つ、自発的に行ってした場合は○を２つ書き込んでください。

トイレトレーニング進行表

時間	おまる	おもらし	コメント

1日目の終わりには、おまるの列におもらしの列よりも多くの◯印がついているはずです。子どもが28カ月未満で、おまるの列にひとつも◯印がない場合は、なんらかの理由でまだトイレトレを始める準備ができていないということです。その場合はさらに1~2週間準備編に戻ったほうがいいでしょう。

私の経験では、トイレトレを始めるための条件をすべて満たし、準備編のステップ3もうまくいった子であれば、おまるの列に少なくとも2~3個◯印がついているはずです。子どもが3歳近い年齢の場合は、たとえ1日目に一度も成功していなくても、そのまま継続して2日目に進んでみる価値はあります。

どれだけ成功したかにかかわらず、1日目の終わりには、がんばってとても偉かったことを子どもに伝えるのが重要です。おもらしについては一切言う必要はありません。また、喜んでパンツをはくように、次の日のパンツを子どもに選ばせるといいでしょう。

2日目は子どもが飽きてくるのを避けるため、短時間だけ友達を呼んでみてはどうでしょうか。こうすることで、子どものやる気を引き出すことができるかもしれません。例えば、「△△ちゃんが明日遊びに来たときに、かっこいいパンツをはいた◯◯くんを見たらびっくりしちゃうね」などと言いましょう。

1日目を成功に導くためのポイント

★1日目のポイントは、何回おまる・トイレでのおしっこに成功したかは重要ではないということです。いちばん大切なのは、一日を通してたとえ短時間でも、定期的に、進んでおまるに座ったかどうかです。

★たとえおもらしをたくさんしてしまっても、気落ちしないでください。トイレトレを始めるための条件をすべて満たし、準備編のステップ3を積極的にこなしている場合は、1日目に1～2回おまるでおしっこができていれば十分です。

★たとえほんの少しでもおまるでおしっこができたときは、大喜びでほめて、たくさん抱きしめてあげてください。おしっこをしたときだけでなく、おまるに座っているときもほめるのを忘れないでください。

★子どもが何をすればいいかを説明するときには、子どもの目線まで下がり、目を見て話すのが重要です。部屋越しに大声で叫べば、あなたの言ったことが伝わっていると思ってはいけません。

★おもらしをしてしまったときは、落ち着いて、あまり気にしないようにするのが大切です。例えば、おまるまであと一歩のところでおもらしをしてしまっても、怒った顔を見せないようにしてください。「気にしなくていいのよ。もう少しでできたね。さぁ、きれいなパンツにはきかえに行こうね」などと言いましょう。

★一日中色々な遊びができるように準備してください。お絵描きやパズル、貼り絵など、キッチンのテーブルでできるような遊びがいいと思います。お話を読んだり、DVDを見せるのは、子どもがおまるに興味がなくなってきたとき用にとっておきましょう。おしっこをせずに2時間が過ぎたら、おまるに座るように促し、お話を読んだり、短時間DVDを見せてください。

★1日目はなるべく長電話は避け、突然の来客があった場合も短時間で切り上げてもらうようにしましょう。子どもの様子を観察し、トイレでのおしっこをマスターできるように応援し、手助けをすることに全力を注いでください。

2日目

2日目には、おしっこの間隔に定期的なパターンが現れているのが、トイレトレ進行表（76ページ参照）から見てとれるはずです。そのパターンを見れば、どのくらいの間隔で子どもをおしっこに誘えばいいかも決められますし、どのくらいの頻度で自発的におしっこに行っているかもわかります。もちろん、あなたに言われてトイレに行く回数とおもらしの回数を減らしていくのが目標です。そのためにも、おまるはすぐに手の届くところに置いておくことが重要です。

今後は徐々に、ママに言われておまるに座るのではなく、おしっこをしたいかどうか子どもに聞いて決めさせるという方法にシフトしていかなければいけません。たとえそのせいでおもらしにつながってしまっても、おしっこをするときは自分で決めるのだという責任感を持たせるのも大切だからです。遊んでいるときは、忘れてしまったり興奮したりしているせいで、おもらしをしやすくなります。

進行表を見て特定のパターンがある場合は、いつおしっこに行けばいいのかを推測できますので、おまるに座るように言うのではなく、おしっこをしたそうなときにおまるがどこにあるかを尋ねてみるという方法に切り替えましょう。

子どもが退屈してしまわないように、友達を家に呼ぶのも忘れないでください。トイレトレが終了している友達なら、なおいいでしょう。きっとおまるやパンツを友達に見せたがるはずです。

2日目を成功に導くためのポイント

★おもらしの回数が多くても、がっかりしないでください。おまるを使う気が十分あって、2日目に数回おまるでおしっこができていれば、やっていることは間違っていません。私がお世話をした子のなかにも、最初の2日間絶え間なくおもらしをしていた子が数人いましたが、3日目に入ると突然コツをつかんだようでした。
★興奮しすぎてトイレトレのことをすっかり忘れてしまう可能性がありますので、あまり大騒ぎにならないようなアクティビティ（遊び）を準備しましょう。

★外に出て遊ぶときは、おまるも一緒に持っていって、目につきやすい場所に置きます。どこに置けば良いのか子どもに聞いて決めさせるといいでしょう。

★2日目が終わる頃には、子どもは何をすればいいのか理解しはじめ、あなたもトイレトレが軌道に乗ったのを実感できるようになっているはずです。

3日目

3日目には、どれくらいの頻度でおしっこをするか、はっきりとしたパターンが出てきているはずです。初めてのお出かけを計画するときには、トイレトレ進行表が役立ちます。近くに住む友達の家に短時間お邪魔するというのが理想的だと思います。途中でおもらしをしてしまわないように、家を出る前におしっこをするように促《うなが》しましょう。お出かけのときに、おむつやトレーニングパンツを使ってしまいたい誘惑にかられますが、やめましょう。これが子どもを混乱させ、トイレトレを長引かせる原因のひとつなのです。

トイレトレを短期間で成功させるには、一貫して同じ姿勢を貫くのがいちばん重要です。日中はどんなときもパンツをはかせ、おむつは寝るときのみに限定します。最初の数日は何度かおもらしをするかもしれませんが、かえって子どもがおしっこに行く必要があるか気にするようになり、ぬれていることと乾いていることの違いを意識する助けとなります。

おもらしをしても文句を言ったり叱ったりしてはいけません。そこで、おまるが何のためのものかをもう一度教えてください。

最初のうちは、お出かけ時には服やパンツを数枚余分に用意し、ぬらしてしまった服を入れるためのビニール袋も一緒に持って出かけるようにしましょう。車やベビーカーで出かけるときは、トイレトレ用クッション（28〜29ページ参照）を持参するのを忘れないでください。トイレでおしっこをするのに慣れるまでは、おまるも持っていく必要があります。

3日目を成功に導くためのポイント

★お出かけのときに重要な点は、決しておむつやトレーニングパンツを使わないことです。子どもが混乱するだけです。私の経験では、おむつとパンツを併用するのが、トイレトレを長引かせる最大の原因のひとつなのです。

★お出かけ中のおもらしは、仕方がないものと割り切りましょう。スペアの服とパンツを2セット、ぬれた服を入れるビニール袋とトイレトレ用のクッションを持って、完全装備で出かけましょう。

★お出かけの前には、おまるを持って子どもと一緒にトイレに行って、「ママはトイレに座っておしっこをするね。一緒におまるに座ろうか」と誘ってみます。絵本を読むなどして、5～10分ほど座らせるようにしてください。おまるに座っているときに洗面台の水を流すとおしっこが出やすくなるという話も聞いたことがあります。5分たっても何も出ないときは、試してみてもいいかもしれません。10分たっても何も出なければ、それ以上座っている必要はありません。支度をして、家から10分程度の場所を選んでお出かけします。うまくいけばおもらしすることなくたどりつけるはずです。

★大人用のトイレを使うのに慣れて自信がつくまでは、おまるを持ち歩いてください。旅行用のおまるも売っているようですが、よほど使用する予定が多くない限り、無理して買うことはありません。トイレトレ終了後2週間もすれば大人用の便座にも慣れるでしょう。

リビー（29カ月）の場合

メリッサは、娘のリビーがまだ22カ月の頃に最初のトイレトレを始めました。トレーニングを始める準備はできているようでしたし、朝起きてすぐ、ランチの後、そしてお風呂の前には、喜んでおまるに座っていました。ほとんどの場合、おまるでおしっこができていましたので、メリッサはその3回以外にもリビーのおむつをとる時間を増やしていきました。

その間、おまるでおしっこをすることはほとんどなかったものの、おもらしをすることもありませんでした。リビーはメリッサが仕事に復帰するときに保育園に行くことになっていましたので、その準備として、2歳になった頃に、週3日、午前

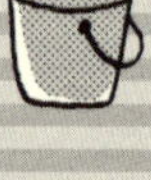

中だけプレ保育に通うことになりました。おしっこの我慢もずいぶん上手になっていたため、メリッサはリビーにパンツをはかせることにしました。

プレ保育で楽しい時間を過ごしていたリビーは、興奮して遊んでいるときに、たまにおもらしをするようになりました。楽しい時間にパンツをはきかえなければいけないのが嫌でリビーがやんちゃを言うようになったため、他のママたちのアドバイスに従って、プレ保育のときはトレーニングパンツを使うことにしました。

しかし、保育園が始まる数週間前に問題は起きたのです。メリッサは、リビーがプレ保育に行かない日は、日中おむつを使わずパンツで過ごさせることに決めていました。入園予定の保育園はトイレトレが終了している子どもしか受け入れてくれないからです。いつもはおまるに座るのをまったく厭《いと》わないリビーが嫌がって癇癪《かんしゃく》を起こすのを見て、メリッサは驚いてしまいました。おもらしも頻発するようになりました。このようなやんちゃはリビーが家にいるときだけでしたので、メリッサは、「おそらくリビーはまだトイレトレの準備ができていなかったのだろう」と結論づけました。そしてリビーが保育園に入園する2週間前に私の元へ電話をしてきたのです。

メリッサから詳細を聞くと、リビーはトイレトレを始める準備はしっかりできているように思えました。そして問題は、1日数時間おむつをつけているせいでリビーが混乱して起きているのだと考えました。

これがトイレトレを長引かせ、他のトラブルも引き起こしてしまう、もっともよくある原因の1つなのです。

私は、3日間の準備期間の後、すぐにトイレトレ本番に進むようメリッサに言い、プレ保育の日も含めて、いかなる状況でもリビーにおむつを使ってはいけないとアドバイスしました。何カ月もおむつとパンツの間を行ったり来たりするよりも、1週間ほどおもらしとつきあうほうがずっとマシです。最初の3日間は、たったの2回しかおまるでおしっこができませんでした。しかし4日目には状況は改善し、1週間もすると完全にマスターしたのです。メリッサがおむつとパンツを併用してリビーを混乱させていなければ、おそらく最初のトレーニングで成功していたことでしょう。

4日目〜7日目

4日目までには、多少のおもらしはあっても、ほとんどの子どもが自発的におまるで用を足しているかと思います。これからの数日間で、おまるの位置を少しずつトイレに近づけていってください。トイレにたどりつくまで十分おしっこを我慢できるようになったら、おまるはトイレに置いたままにしておきます。

トイレに行かずに2時間が過ぎ、子どもが何かに夢中になって忘れてしまっているように見えたら、おまるがどこにあるか尋ねてみてください。しかし、口うるさく言ってはいけません。この段階では、あなたに言われないとできなくなったり、さらには常にプレッシャーを感じてトイレトレそのものを嫌がるようになったりするよりも、たまにおもらしはしても、子どもに主導権を握らせておくほうがずっといいからです。

7日目が終わる頃までには、大人用のトイレを使わせてみてください。私の経験では、トイレに親しませるのが早ければ早いほど、怖がる子どもも少ないようです。

親族の方にお願いして、おむつを卒業したごほうびに特別な補助便座をプレゼントしてもらうのはどうでしょう。ごほうびとしてもらうことで、便座を受け入れやすくなります。ですが、トイレに座らせるときには、無理をせず行うのが重要です。用を足し終わるまで隣にしゃがんでずっとついているから安心するように言いましょう。おまるを使いたがることもあるかもしれませんが、1週目の終わりまでには、おまるとトイレの両方を使うように促してください。

1週間が過ぎる頃には、たまのおもらしを除いては、ほとんどの場合おまるやトイレでおしっこをするようになっているはずです。

4日目〜7日目を成功に導くためのポイント

★このままトイレトレを成功に導くためには、寝るとき以外は決しておむつを使わないでください。子どもを混乱させるだけで、解決するのに何カ月もかかってしまうトラブルのもととなります。

★7日目が終わる頃までには、おしっこやウンチをしたくなったらトイレでするということを習慣づけましょう。少しずつおまるをトイレに近づけ、最終的にはトイレに置くようにしてください。

★おしっこやウンチをするのにトイレに行く習慣が身についたら、今度は便座でするように働きかけてみましょう。補助便座をつけて、子どもの目線まで下がり、自分で座っているのに自信がつくまでは、しっかりと両脇を支えてください。足を乗せられるように小さな台を用意しておくと、より安定します。

★がんばり表やシールを使って、子どものやる気を刺激してください。大きめの星のシールを買って、トイレに座っておしっこやウンチができたら、表に貼っていきます。夕食の時間までに大きな星が3つ並んだら、食後にアイスクリームなど大好きなデザートをあげるのはどうでしょう。

★最後に、子どもが3歳に満たない場合は、これからもたまのおもらしは続くということを覚えておいてください。遊びに夢中で興奮しているときや、疲れているときなどは特に起こりがちです。

怒ったり罰を与えたりしてはいけませんが、おもらしをしたらその始末を手伝わせるようにしてください。おまるやトイレ以外でおしっこやウンチをしたら、それを片づけなければいけないのだということを学んでもらいましょう。

サミュエル（3歳）の場合

サミュエルは33カ月になるまでトイレトレをしていませんでした。すでに3歳近かった彼は、トイレトレを始めるための条件はすべてクリアしているようでしたので、ママのヘレンは準備編に3日費やしただけで、すぐにトイレトレ本番に進むことにしました。2日もすると日中はおもらしをすることもなくなり、お昼寝の時間も彼の意思でおむつをやめることになりました。

その後の数カ月もおもらしはほとんどなく、順調に進んでいきました。ところが、3歳の誕生日の1カ月ほど前から、ほとんど毎日1～2回おもらしをするようになったのです。状況はどんどん悪化し、誕生日を迎える頃には、1日に何度もおもら

しをするようになりました。

どうしてこうなったのか、はっきりした理由がヘレンには思い浮かびませんでした。そこで私に電話をしてきたのです。20分ほど話を聞くと、トイレトレのメソッドに厳密に従ってきたように見えたヘレンが、ひとつ大事なポイントを守っていなかったことに気づきました。サミュエルが決まった間隔でおまるを使うようになってからも、いつトイレに行くかを彼に委ねて決めさせるのを怠っていたのです。進行表を見れば、おしっこの間隔は2時間から2時間半だというのがわかります。ところがヘレンはいまだに45分おきにおまるに座るように言いつづけていたのです。

次の朝、どこにおまるを置きたいかサミュエル本人に決めさせるように、ヘレンにアドバイスしました。そして、「もうサミュエルはお兄ちゃんだから、いつおまるを使うかは自分で決めていいんだよ」と伝えさせました。たとえおもらしをしても、大騒ぎしたり怒ったりはせず、「次におしっこをしたいときは、おまるに間に合うように行かなければいけないよ」と優しく諭すようヘレンに言いました。そしてパンツは自分ではきかえさせ、汚れたパンツも自分で水の入ったバケツに入れさせます。おまるでおしっこができたときには、たくさんほめて小さなチョコレート

をあげることにしました。

2日もすると、再びおもらしはなくなり、トイレで用を足すこともできるようになりました。1週間たつ頃には、チョコレートをあげるのはやめて、代わりに夕食後に好きなデザートをあげることにしました。

アドバイスを求めて私に電話をしてくる多くの親たちの話を聞いて明らかになったのは、いつトイレに行くかを子どもに決めさせるのを怠ると、トイレトレが逆戻りする原因になる場合があるということでした。子どもの年齢が高い場合に特にその傾向が強いようです。

就寝時のおむつ

子どものお昼寝が終わったときに、おむつがぬれていないことをコンスタントに確認できない限り、お昼寝時のおむつは続けてください。最低でも2週間様子を見て、大丈夫なようであれば、自信を持っておむつの使用をやめることができます。夜の就寝時は、数カ月はおむつを使いつづけましょう。私の経験上、3歳に満たない子どもで、朝までおしっこを我慢できる子はほとんどいません。男の子の場合はさらに時間がかかるでしょう。

その年齢になる前に夜もトレーニングをしようとすると、結局別の問題が起きることがよくあります。例えば大きな問題の1つとして、おむつの使用をやめると、子どもが夜中におまるやトイレに行けるように、部屋にうす明かりをつけておくか、ドアを少し開けておかなければいけなくなりますが、3歳未満の子どもの場合、たとえ夜中でも、目が覚めるとついつい動き回る誘惑にかられてしまうことがあげられます。特にママが夜中に弟や妹の世話をしているのに気づいてしまえばなおさらです。3歳以上で、ほぼおもらしもしない子であれば、夜もおむつを使う必要はないことを説明し、夜中に起きておしっこをしなくてもいいように、寝る前にきちんとトイレに行かせましょう。少なくとも寝る1時間前からは水分を摂《と》らないようにするといいでしょう。

ベアトリス（24カ月）の場合

ベアトリスがトイレトレを始めたのは、ちょうど2歳を過ぎた頃でした。1週間でおしっこもウンチもおまるでできるようになりました。その後の数週間も、おもらしをすることは稀《まれ》で、朝、おむつがぬれていることもほとんどありませんでした。26カ月になった頃には、夜のおむつをやめる準備ができているように見えました。

その後の2週間も、おもらしやおねしょをすることはなかったのですが、ある日の午前5時、ベアトリスの両親は、突然狂ったように泣き叫ぶ娘の声で目を覚ましました。いつもなら夜7時から朝7時までぐっすり眠る彼女をなかなかなだめることができませんでした。病気ではないのは確かでしたが、いったいなにが理由で目

を覚ましたのか見当もつきませんでした。20分後ようやく落ち着いた彼女は、おしっこがしたいと告げました。ベアトリスが夜中におしっこをしたがることは何週間もなかったので、目を覚ましてしまったことと、おしっこがしたかったということがリンクしているとは、そのとき両親は思いもしませんでした。

けれども次の夜も同じことが起きたため、両親はおまるを彼女の部屋に置くことに決めました。小さなナイトランプの横におまるを置いて、「夜中おしっこがしたくて目が覚めたら、おまるはすぐそばにあるからね」と説明しました。

その晩、夜7時になってもベアトリスは寝つくことができず、何度もベッドから抜け出しては、部屋を走りまわったり、引き出しや戸棚を開けたり、両親を大声で呼んだりしました。2人は何度も部屋を訪れて、おまるに彼女を座らせました。結局ベアトリスが眠りについたのは夜の9時頃でした。

その後も夜はなかなか寝つかず、2週間もするとお昼寝の寝かしつけも困難になってきました。就寝時間が遅くなり、お昼寝の時間が短くなったことで、ベアトリスは疲れやすく、日中機嫌の悪い子どもになってしまいました。深刻な睡眠トラブルに発展してしまったことに気づいた両親は、助けを求めて私に連絡してきました。

まず私は、就寝時間の遅れに関しては、『赤ちゃんとおかあさんの快眠講座』のメソッドを使うよう勧めてみました。睡眠時間がもとに戻れば、疲れすぎを防ぐことができるはずです。また、夜中にベッドから抜け出してしまう子どもの対処法もアドバイスしました。

2週間もすると、昼夜ともに寝つきがよくなり、夜中おまるを使ったあともそのまま眠りに戻るようになりました。ベアトリスの問題が、就寝時のおむつをやめたのが早すぎたせいで起こったのは明らかでした。そのために、部屋にナイトランプとおまるを置くようになったからです。夜12時間おしっこをがまんできるほど膀胱《ぼうこう》が発達した3歳未満の子どもは、ほとんどいないと言っていいでしょう。

私の経験上、ベッドを使用し、明かりがなければ眠れない3歳未満の子どもは、夜中に目を覚ましやすく、なかなかもう一度寝つくことができない場合が多いのです。ですから、子どもの睡眠に関するトラブルを避けたいご両親には、夜に子どもが自分でおむつをはずしてしまうのを防ぐためにも、3歳になるまでスリーパー(乳幼児用のベスト型の寝袋)とベビーベッドを使い続けるのが得策だとアドバイスしています。

第4章

トラブルの解決策

頑固な子どもの対処法

ときどき、おまるに座るのを頑として嫌がる子もいます。その子が2歳半未満であれば、無理にさせることはありませんが、3歳近い場合は「ごほうび」作戦を最終手段として使います。多くの専門家がこのやり方に眉をひそめるとは思いますが、非常に頑固な子どもの場合は、これが唯一の方法なのです。

3歳以上の子であれば、トイレトレに必要な条件を満たしていないように見える場合でも、普通はトレーニングできるはずです。準備編は省略し、すぐにトイレトレ本番を始めて、がんばり表を用意しましょう。おまるでおしっこをするたびに星のシールがもらえること、そしてそのたびにごほうびがもらえることを説明してください。ごほうびはくだものでも小さなチョコレートでも構いません。必ず効果がありますので、信じてください。もちろん、それ以外のときにごほうびをあげてはいけません。2日もすると、定期的に子どものほうからおまるを使いたがるようになります。

おしっこの時間にパターンが出てきたら、「ごほうびはもうなくなってしまったの」と子どもに説明してください。代わりに、3回おまるでおしっこができたら、特別なごほうびとしてお店に行ってアイスクリームを買うのはどうかと提案してみます。成功したおしっこの回数を増やしながら、ごほうびを大きくしていく方法で、最終的には一日中おまるを使わせて、その日の夜にひとつだけごほうびをあげるという約束に変えていきます。

頑固な子どもに対処するためのポイント

★お菓子やアイスクリームをあげるのは、おまるでおしっこやウンチをしてシールをもらえたときだけに限定しなければ効果はありません。これらのものを当然のように毎日もらっている場合は効きませんので、何かを達成したときのみ、ごほうびとしてあげるようにしてください。

★おしっこのパターンがわかってきたら、ごほうびの回数を減らしはじめましょう。ここで子どもが主導権を握ってしまわないように気をつけてください。

★3歳以上の子どもで、頑《かたく》なにおまるを使うのを嫌がる子の場合は、トイレトレ以外の日常生活の場面で、親の言うことを聞けているかを確認してください。ありとあらゆる場面で言うことを聞けていない場合は、なぜそうなっているのかを考えてみる必要があります。両親の間で子育てに関するルールや約束事が統一されていない場合に、頻繁に起こるようです。ルールや約束事が決まっていないと、子どもは「嫌だと言っていればどんなときでも自分の意見が通るのだ」と、あっという間に気づいてしまうのです。

★どんな当たり前のお願いも頑固に拒否しつづけ、聞き入れてくれない子の場合は、トイレトレを始める前に、まず専門家にアドバイスを求めるか、子育てに関するワークショップに参加してみてはどうでしょう。

おねしょ

小さな子どもが折にふれておねしょをするのはごく当たり前のことです。しかし、これが定期的に起こるようになると、深刻な問題に発展することもあります。ぬれたシーツを替えるために夜じゅう起こされていては、親もくたくたに疲れてしまいますし、子どもも不安や罪悪感を抱きはじめます。ずっと長い間おねしょをしていなかったのに急に始まった場合は、尿路感染症の疑いがないかチェックするため病院に連れていきましょう。何度も再発する場合、精神的な問題が原因だと言う専門家も多いようですが、私の経験ではそのようなケースはあまりないように思います。私がお世話をしてきた家庭を見ていると、寝る前に過度に水分を摂《と》らせているのがいちばんの理由のようでした。ですので、就寝前の1時間は水分を与えないようにしていました。

4歳未満の子で、数週間おねしょをしていなかったのに定期的にするようになった場合は、おそらく一晩中おしっこを我慢することがまだできないのでしょう。短期間、夜だけおむつを使って、おねしょが大きなトラブルになるのを避けましょう。

子どもが4歳を過ぎていて、寝る前の水分量も調節しているのに、毎晩おねしょをする場合は、あなたが寝る時間に子どもを起こしておしっこをさせてみてはどうでしょう。それでもダメな場合は、専門家に助言を求めて原因を突き止めてください。

午後10時のおしっこタイム

昔の専門家たちは、子どもを夜10時に起こしておまるに座らせるようにアドバイスしていました。子どもが夜通しおしっこを我慢できるようになる年齢は、母親の腕で決まると考えられていたのです。

1930～40年代に書かれた子育て本は、幼い時期からこの夜10時のおしっこを習慣づけるべきだと力説しています。おねしょをしない子どもに育てるための秘訣《ひけつ》は、4歳になるまで毎晩必ず子どもを起こすことであり、面倒になって起こさないと、おねしょがくせになり、矯正するのが難しくなってしまうと言うのです。目を覚ましたときにおむつがぬれているのに慣れてしまった子は、ベッドの中でおしっこをするのが普通だと思いはじめてしまうからです。

いまだに夜中に子どもを起こしておしっこをさせる親も多いようですが、昨今の子育ての専門家の大多数は、決まった時間におしっこをするように子どもをプログラムしているだけだと、この方法に異を唱えています。私もその意見に賛成です。子どもが4歳を過ぎていて、寝る前の水分量を調整しているにもかかわらず、毎朝おねしょをしている場合のみ、試してみてもいいでしょう。

ナニー仲間と一緒に中東で働いていたときに、私も最終手段としてこの方法を使ったことがあります。6人の子どもがいる家庭でしたが、全員おねしょの悩みを抱えていました。下は4歳から上は14歳まで、毎晩順番にトイレに連れていかなければいけませんでした。ときに1～2人、夜中にベッドをぬらして目を覚ますこともありましたが、ほとんどの場合無事に朝を迎えました。

この方法を試す際に重要なことは、子どもを完全に起こしてしまったり、刺激を与えたりしないことです。明かりやおしゃべりは最小限に抑えます。子どもが3歳未満の場合は、トイレに連れていかず、おまるを使用してもいいでしょう。子どもが毎晩同じ時間におしっこをしたくなってしまうというリスクを減らすために、起こす時間を毎日変えたほうがいいという専門家もいます。

この方法で効果が見られる場合には、がんばり表を始めてもいいでしょう。おねしょをしなかった日の朝は、星のシールをあげます。３つ集めたら、アイスクリームなどの特別なごほうびをあげてください。

これでおねしょの回数が減ってきたら、「もう大きなお兄ちゃん・お姉ちゃんだから、夜起こさなくてもいいね」、そして「もしも夜おしっこがしたくて目が覚めたら、手伝いに行くから呼んでね」と子どもに伝えます。夜中に短時間とはいえ起きなければいけなくなりますが、子どもに自信がつくにつれて、１人でおしっこをするようになることが多いようです。がんばり表は正しく使えばさまざまな場面で大きな効果を発揮します。

夜起こしておしっこをさせるためのポイント

★子どもが４歳を過ぎていて、寝る前の水分も摂《と》りすぎないようにしているにもかかわらず、ほぼ毎晩おねしょをする場合は、医学的な理由があるかどうかをチェックするためにも病院で相談をしてみてください。医学上の問題がないということであれば、夜中に子どもを起こしておしっこをさせてみて、状況が改善するかどうか様子をみます。

★毎晩同じ時間におしっこがしたくなるという癖をつけないためにも、夜起こす時間を変えるようにしましょう。

★これで状況が改善したら、がんばり表を始めてください。夜起きておしっこができたり、朝おねしょをしていなければ、ごほうびをあげましょう。この方法は、おねしょの理由が、子どもが単に面倒がっておしっこをしたいのにお布団から出ないという場合に効果があります。しかし、理由が精神的なものや医学的なものである場合は、がんばり表も効果はありません。

逆戻り

トイレトレが終了している子どもでも、たまのおねしょは今後も続くでしょう。大事なのはイライラしたりせず、いつも同じ態度で接することです。そして、たとえ数日おねしょが続いても、再びおむつに戻すようなことはしないでください。

たまに何カ月もおねしょをしていなかったのに、急に始まることもあります。これは、弟や妹が生まれたり、保育園に通いはじめたり、環境が変化したときに起こりやすいようです。

突然トイレトレが逆行したときに、子どもが以前より内気になったり、やんちゃや攻撃

的な振る舞いが出てきているように見えたら、おそらく精神的な問題に起因しています。振る舞いに特に問題がない場合は、病院で尿路感染症などの疑いがないかチェックしてください。

理由はなんであれ、おむつに戻るのは最終手段です。少しの間、ぬれたパンツの処理に追われることになっても、忍耐強く、いつもと同じ態度で励ましつづければ、いつかまたもとの状態に戻ることができます。

また、数日トイレトレ進行表（76ページ参照）をつけてみて、どんな頻度でおもらしをしているかをはっきりさせましょう。おもらしのパターンが見えてくるはずですので、それに合わせて子どもにおまるを使うよう促してください。おまるを使うのを嫌がるようであれば、あなたがトイレに行くときに一緒に誘ってみましょう。トイレに行くのをゲームにしてしまうと、子どもも楽しんでおまるに座ってくれるでしょう。子どもがおしっこをしたいはずの時間に合わせて誘えば、成功する確率も上がります。

がんばり表におまるの項目を再び作って、お菓子やごほうびもとりまぜながら、子どものやる気を引き出しましょう。

第5章　Q&A

Q. **息子は16カ月です。おしっこをしてもウンチをしても、まったく自覚がないようなのですが、私の母は早くトイレトレを始めるようしつこく言ってきます。もう始めても大丈夫でしょうか。**

A. 18カ月未満で、トイレトレに必要な筋肉をコントロールする機能が発達している子どもはほとんどいません。大多数は2歳近くまで準備ができないのです。けれども、次の項目に息子さんが当てはまるようであれば、準備ができていることもあります。

★長いお昼寝の後でも、おむつがぬれていないことが多い。または、最後に替えてから2時間たってもまだおむつがぬれていない。

★「靴を持ってきて」、「ママがコートを持ってくるまで座っていて」などの簡単な指示を理解し、その通りにすることができる。
★少なくとも10分はひとりで座っておもちゃで遊んだり、簡単な絵本を見ていることができる。
★靴下や靴を自分で脱ぐことができ、パンツやズボンも下ろすことができる。

Q. **私の18カ月の娘はウンチをするとおむつを差して教えてくれますが、その他はできていません。トイレトレを始めるべきでしょうか。**

A. 子どもがほぼすべての条件をクリアしていない限り、トイレトレをスタートするのは賢明ではありません。でも、次のことをしながらトイレトレを始める準備をしてみてはどうでしょう。

★おまるを買って、トイレに置いておきます。おまるが何のためのものか説明し、お風呂に入る前に数分間座ってみるよう促してください。この段階では決して無理強いせず、子どもの意思を尊重しましょう。

★あなたがトイレに行くときに、子どもも一緒に連れていき、何をしているのか説明します。ただし、子どもにおまるを使いたいか聞くのは控えて、本人に決めさせてください。すぐにあなたの真似をして、おまるに座りはじめるはずです。

★パンツを自分で上げ下げするよう促しましょう。ひとりでできたら、たくさんほめてください。

★少し年上の友達と遊んでいるときに、トイレに座って上手におしっこをするところを見せてくれないか聞いてみてください。もちろんその子が嫌がるようであれば、無理強いはしないでください。

★お風呂に入っているときや、手を洗っているときに、「ぬれている」と「乾いている」という言葉の違いを強調しましょう。ハンドタオルを使って実際に示してみるのもいい方法です。少ししたら、「ぬれているのはどちらかな、乾いているのはどちらかな」と聞いてみてください。

Q. **もうすぐ休暇で旅行に出かけます。旅行中は、夫が赤ちゃんの世話を手伝えるため、上の子のトイレトレを始めるいい機会だと言うのですが、どう思いますか。**

A. 旅先でのトイレトレは、私はお勧めしません。子どもにとって楽しいはずの旅行中に、トイレトレに必要な集中力を求めるのはかわいそうです。トイレトレの最初の2日間は、なるべく邪魔が入らないように、できるだけ周りに人が少ないほうがうまくいきます。

小さな赤ちゃんがいる場合は、トイレトレに集中できるように、ご主人が赤ちゃんの面倒をみることができる週末に始めてください。実際にトイレトレを始める前に、ご主人がきちんとひとりで赤ちゃんの世話ができるか試してみたほうがいいでしょう。トレーニング中は、邪魔は少なければ少ないほどいいからです。

Q. **子どもがおまるを使うのに成功したときは、お菓子やごほうびをあげたほうがいいですか。**

A. この手のごほうびは避けたほうが無難です。子どもが2歳未満の場合は通常、星のシールをあげたり、たくさんほめるだけで、十分満足するからです。

年齢が高く、頑固なタイプの子どものときは、私も妥協することがあります。がんばり表に星を3つ集めたら、小さなごほうびがもらえると説明します。おまるを定期的に使うようになったら、星6つでアイスクリームをあげることにします。こうすることで、ごほうびをもらうためだけにおまるを使うようになるリスクを減らすことができるのです。

Q. トイレトレの期間は、子どもにどんな服を着せればいいでしょうか。

A.

最初の2~3日は、家にいる間は短めのTシャツを着せると、おまるに座るときにめくりあげる必要がなく楽です。パンツの上げ下げが簡単にできるように、サイズが大きめのものをはかせてください。お出かけしなければいけないときも、パンツをはかせつづけることが重要です。一度始めたら、たとえおもらしをしてしまっても、決しておむつには戻らないでください。子どもを混乱させるだけで、トイレトレ失敗の大きな原因となります。

トレーニングパンツを使うのもやめましょう。子どもが混乱するだけです。外出中のおもらしを避けるために使う方もいますが、トレーニングパンツはおしっこの吸収力が優れているため、子どもがぬれているという感覚に鈍感になり、トイレトレが長引くもとになります。

服はボタンやスナップが多いものや、サスペンダーつきのものは避けて、なるべくシンプルなものを着せてください。下はジャージや短パンにして、上にはゆったりとした短めのTシャツなどを着せるのが理想的です。

Q. **娘は2歳8カ月です。もう6カ月以上おしっこは失敗なしなのですが、ウンチだけはおまるでするのもトイレでするのも嫌がり、いつもおむつをしてもらうまで我慢してウンチをしています。**

A. とてもありがちな問題です。私の経験では、定期的に排便がない子や、便秘気味の子に特によく起こります。くだものを多めに与え（特に朝食時）、水分摂取量も増やしてください。これで、決まった時間にウンチが出やすくなります。

ウンチの時間が定まってきたら、おまるの上におむつを敷いて、その時間におまるに座るように働きかけてください。ごほうびとして好きなＤＶＤなどを見せてもいいでしょう。定期的にそこでウンチをするようになったら、おむつはもうなくなってしまったふりをしてください。代わりに新しい本やＤＶＤがあれば、おまるにおむつが敷いていなくても座ってくれるようになるかもしれません。

もしこの方法でもダメな場合は無理強いせず、ウンチはおむつでするものとして割り切りましょう。これは、子どもがおむつを卒業する時期になれば、自然と解決する問題だからです。だからと言って、この問題を解決するために、就寝時のおむつを早めに卒業させることはお勧めできません。親からのプレッシャーを感じとって、トイレトレが完全に逆戻りしてしまうケースが多々あるからです。

汚れたおむつを見て不快な表情をしたり、子どもを叱ったりしても、この問題の解決には決してつながりません。親の不満げな顔を見て、子どもは心配で不安になり、結果ウンチを我慢するようになってしまうのです。

Q. いつ頃からおまるの代わりにトイレを使わせればいいでしょうか。

A. トイレに置いてあるおまるにたどりつくまでおしっこを我慢できるようになったら、トイレを使うように勧めてください。大人用の便座にピッタリはまる補助便座をとりつけましょう。座り心地のいいものが子どもには人気があるようです。取っ手つきのものもお勧めです。

子どもにとって大人用のトイレは巨大に見えるため、怖がる子もいます。長期的な問題になるのを避けるためにも、トイレを使うときはしゃがんで子どもの目線まで下がり、両脇をしっかり支えてあげましょう。子どもの目をきちんと見て、怖いことはなにもないのだと安心させてください。

トイレに座ることに自信がついてきたら、片脇だけ支えるようにします。さらに自信がついても、怯《おび》えたり心細くなったりしないように、すぐそばで見守ってください。ただし、支えなしでひとりで座るように促しましょう。このように段階的に行えば、あっという間にトイレにひとりで座る自信が身につきます。

Q. 息子は2歳半です。トイレトレが終了してから3カ月が過ぎたのですが、いまだにおしっこを座ってしています。何歳になったら立ってするようになるのでしょうか。

A. 立っておしっこをするようになるのは、3歳前後が多いようです。これは通常、幼稚園に行きはじめ、他の子のおしっこの仕方を目にするようになる時期と重なっているようです。どんな子も真似をするのが大好きですので、パパや他の男の子がトイレに行くときに、できるだけ一緒に連れていってもらいましょう。

まだ身長が足りず届かないときは、踏み台の上に立ってする必要があるかもしれません。また、ひとりで自信を持ってバランスよく立てるようになるまでは、脇を支える必要もあるかもしれません。

最初のうちは、どれくらい高くおチンチンを持ち上げればいいのかわからず、助けが必要かもしれません。おしっこがすんだら、床に雫《しずく》が落ちないように、おチンチンを便器の上で振るように教えてください。

立っておしっこをするのを嫌がる子の場合は、使い捨てのプラスチックのコップを便器の上に掲げてそこを目掛けておしっこをさせてみましょう。この方法は、立っておしっこするのを躊躇《ちゅうちょ》していた子どもたちにも効果があった私の裏技なのです。

Q. **トイレトレが成功したら、その後就寝時のおむつをはずすまでに、どれくらいの期間待てばいいでしょうか。**

A. お昼寝のときのおむつは続けてください。最低でも2週間、お昼寝から目を覚ましたときにおむつがぬれていないようであれば、やめてみてもいいでしょう。

夜の就寝時は、私は通常、子どもが3歳になるまで待ちます。数週間様子を見て、朝起きたときにおむつがぬれていなかったり、ほんの少し湿っている程度であれば、夜のおむつもやめてみましょう。

おしっこがしたくなって夜中に目を覚ますようになっても、この年であればひとりでベッドから出ておまるを使うこともできるはずです。もちろんその際は、部屋に小さなナイトランプを置いてください。

小さな子どもの場合、ナイトランプをつけておくと夜の睡眠が乱れて目を覚ましやすくなることが多いようですので、3歳近くになるまでは、なるべく避けるようにしてください。

Q. **夜のおむつを卒業したら、防水加工がされたシーツを使ったほうがいいでしょうか。**

A. おねしょ用に、特別な防水マットが売られていますが、このマットの感触が好きではない子どももたまにいます。その場合は、マットレスや敷布団の上に防水加工されたシーツを敷いて、その上に通常のシーツを敷きます。さらにその上に防水マットと通常のシーツを敷いておくと、夜中に子どもがおねしょをしても、上の2枚をはずせばいいだけですので、再びベッドメイキングをする手間が省けます。

最後に、寝る前には過剰に水分を摂《と》らせないようにするのを忘れないでください。ミルクなども寝る1時間前以降は与えないようにしましょう。寝るときにまだのどが渇いているようであれば、ごく少量のお水をあげてください。

Q. **3歳の息子がいます。ほぼ毎朝おむつはぬれていないようなので、夜のおむつをやめようと考えています。私が寝るときに息子を起こしておまるに座らせてはどうかと母に言われたのですが、どう思いますか。**

A. 自分がベッドに行くときに子どもを起こしておしっこをさせれば、夜のトイレトレになると信じている親が多いようです。けれども、そうすることでその時間におしっこをする癖がついて、結果として夜中にずっとおしっこを我慢できるようになるのにもっと時間がかかるようになると言う専門家もいます。

私の経験では、たまのおねしょはしょうがないと割り切るほうがいいと思います。子どもは自然に朝までおしっこを我慢できるようになりますし、必要であれば、起きておまるでおしっこをすればいいだけだからです。ただ、4歳を過ぎても定期的におねしょをしている場合は、この方法を試してもいいでしょう。

夜のおむつをやめる前に、寝る前にどれくらい水分を摂《と》っているかチェックしてくださ い。量が多すぎるようであれば、少しずつ減らします。就寝前の1時間は少量のお水以外はなるべく飲まないように、子どもに言い聞かせてください。

寝る前にあまり飲まないようになったら、「もう大きくなったのだから、寝るときにおむつをするのはやめようね」と説明します。布団に入る前にしっかりおしっこをさせるのを忘れないでください。

たまにおねしょをする場合は、ナイトランプをつけて、おまるを子ども部屋に置いてください。夜中おしっこがしたくなったら、おまるを使うように言いましょう。

子どもがもう少し大きくなったら、ひとりでトイレに行けるようにドアを少しだけ開けておきます。

Q. **母は、私と妹が18カ月の頃にはトイレトレは終了していたと言います。そして現在13カ月の息子に関しても、食事の後におまるに座らせてトイレトレを始めるべきだと言うのです。母の言うことは正しいのかもしれませんが、あまり早く始めると、子どもに精神的なダメージを与える場合があると読んだのですが。**

A. よかれと思っての助言でしょうが、親族や友人からのプレッシャーは気にしないようにしましょう。身体的にも精神的にも準備が整う前にトイレトレを始めても、子どもはプレッシャーを感じて反抗し、おまるを使うのを嫌がるようになるだけです。おまるを使わせるのが早すぎたせいで、おしっこをするのに不安を感じたり、便秘をしたりといった長期的な問題に発展した子どもをたくさん見てきました。おまるを使いはじめるのは、14～15ページの条件をすべてクリアするまで待ちましょう。

18カ月未満で、トイレトレに必要な筋肉が発達している子はほとんどいません。18カ月頃にはおむつがとれてトイレトレが終了していたというお母様の発言を疑うつもりはありませんが、おそらくトレーニングに6カ月近く費やしたのではないでしょうか。正しい時期に始めれば、1週間で終わらせることができるのです。

ストレスいっぱいの数カ月を避けたいのであれば、あなたと子どもの双方の準備ができる時期まで待ちましょう。私の経験上、だいたい18～24カ月の間です。しかしもっと大きくなるまで準備ができていないこともよくあります。

ここで覚えておいて欲しいのは、大事なのは子どもの年齢ではないということです。子どもが身体的にも精神的にも準備が整ったという兆候があるか、そしてあなたやその他の家族にとっても正しいタイミングかどうかが重要なのです。

Q. **現在3歳2カ月の娘は26カ月頃に早々とトイレトレを終了しました。まだ夜はおむつをしていて、ここ3週間は、おしっこは出ていないようなのですが、少なくとも週に2回はウンチをしています。このまま夜中にウンチをしつづけるようであれば、いつまでたっても夜のおむつをやめることができないような気がします。友人の経験談も聞き、育児本も何冊も読みましたが、答えが見つかりません。**

A. 朝おむつをはずすときに、ウンチがゆるめか、それともお尻にこびりつくくらい乾燥しているかをしっかりチェックしてください。これによって子どもがずいぶん前にウンチをしているか、それとも目を覚ます前後にしているかがわかります。

ウンチが硬くお尻についている場合は、ずいぶん前にしたことになります。その理由は食べ物に関係している場合が多いようです。夕方くだものを与え過ぎていないかチェックしましょう。くだものは午前中にあげることにして、状況が改善するか様子を見てください。夕食と最後の飲み物の時間も確認します。就寝時間の2時間~1時間半前には夕食をあげて、最後の飲み物は1時間前にはすませてください。

ウンチが軟らかい場合は、おそらく目を覚ましたときにウンチをしているはずです。その場合は、少し早めに子どもを起こして、おむつのなかでウンチをしてしまう前にトイレに連れていきましょう。もう少し大きくなれば、ウンチがしたくなったら自分で起きて用を足し、起きるには早すぎる場合は、ベッドに戻るようになるはずです。

Q. **3歳半の息子は、いまだに週に3～4回おもらしをしてしまいます。ほとんどの場合、友達の家に遊びに行ったときに起こります。友人の子どもにおもらしをするような子はいないため、大変恥ずかしく、最近ではおもらしのたびに腹を立ててしまいます。**

A. この年の子どもであれば、たまのおもらしは至って普通ですし、週に3～4回のことであれば特に心配はないと思います。おそらく友達との遊びに夢中になっているだけでしょう。

この年の子どもにおしっこに行くように言うのは、あまり賛成しませんが、外出中は軽く促しても害はありません。友達のママが、自分の子どもに言うときに、一緒に言ってもらいましょう。こうすることで、自分だけが行かなければいけないという感情を抱かせずにすみます。

怒っているのを悟らせてはいけませんが、おもらしをしたらそれに伴う結果が待っているということを理解させるには十分な年齢だと思います。罰を与えることはありませんが、自分で新しいパンツにはきかえさせ、ぬれたパンツを洗面台で洗わせて、家に持って帰るためにビニール袋に入れさせてください。

Q. 29カ月の娘のトイレトレが終わって1カ月ほどになります。赤ちゃんの頃からおむつかぶれができやすい子でした。日中のおむつをやめれば出なくなるかと期待していたのですが、多少改善はしたものの、いまだに2～3日おきにお尻が腫れて赤くなります。

A. 朝起きたときにおむつがぐっしょりぬれているようであれば、吸収力の高い別のブランドのおむつを試してください。また寝る前の水分量もチェックしましょう。約150ミリリットルを上限として、就寝前1時間以内はあげないようにしてください。おむつはぎりぎりまでつけず、布団に入る直前にもう一度おまるに座らせます。もっと飲みたいと騒いだら、お水をほんの少しだけ（50ミリリットルまで）あげるようにします。

また、1日に数回お尻にクリームを塗ってください。カレンデュラというハーブが配合されたクリームもあります。普通のおむつかぶれ用のクリームのようにベトベトしていません し、肌を守ってくれます。

おしっこやウンチのあとは、お尻を常にきれいにし、きちんと乾燥させます。肌を刺激するようなお尻拭き、匂いつきの石けん、漂白されたトイレットペーパーは、しばらく使うのを控えてください。ポリエステルの入ったものは肌の呼吸を妨げますので、パンツは綿100パーセントのものを使用しましょう。

Q. **22カ月でトイレトレを終了した娘は、現在3歳になります。言われなくてもトイレに行き、自分でパンツの上げ下げをし、手も洗います。しかしウンチのときだけは、私か夫を呼んでお尻を拭くように頼むのです。夫は、そろそろ自分でできるはずだと言い、呼ばれるたびに怒るようになってしまいました。どうすれば自分でお尻を拭くようになるでしょうか。**

A. 私は、すべてをひとりでやるには、お嬢さんは小さすぎると思います。ほとんどの子どもは3歳にならなければひとりできちんと拭くことはできません。通常、できるようになるのは3歳から4歳の間です。

しかし、お尻の拭き方を教えるのは大切です。子どもの手をとりトイレットペーパーを持たせ、どのように拭くかを教えます。その後拭き残しを拭いてください。上手に拭けるようになってきたら、自分でやってみるように勧め、終わったらチェックしにくるね、と伝えてください。

女の子の場合は、前から後ろに拭くのが大切だとしっかり教えましょう。

Q. **息子は26カ月です。トイレトレが終了してほぼ2カ月がたちますが、おチンチンで遊ぶようになってしまいました。保健師さんには、このくらいの年の男の子にとってはごく当たり前の行動で、気にすることはないと言われました。しかし、先週末、夫の両親の家を訪ねた際に、みんなの前でひっきりなしに触っている息子を見た両親は驚いて、すぐにやめさせるように言いました。夫も息子が触りはじめるとどなって叱るようになり、私もどう対処すればいいか途方に暮れています。息子にコンプレックスを感じてほしくはありませんが、触りはじめるたびに困惑してしまいます。**

A. おむつを卒業する時期になると、性器に興味を持つのは、男の子にも女の子にも極めてよくあることです。いままで気にしていなかった自分の体のパーツを発見し、触ることで喜びを感じられることに気づきます。これはごく自然な成長過程の一部ですから、この行いのせいで子どもを叱るようなことをしてはいけません。しかし、人前でやってはいけないことだというのは学ばなければいけません。

子どもが28カ月未満の場合は、気をそらすのがいちばん効果があります。おまるに座っているときには、本を読んだり、パズルのおもちゃで遊んだりなど、手を使う遊びをさせてください。

3歳近くなれば興味も減ってくるはずですが、それでも続くようであれば、触るのは構わないけれども、トイレや自分の部屋などプライベートな空間でするように説明しましょう。外出中に触りはじめてしまったら、優しく、しかし毅然《きぜん》とした口調で、トイレに行くように言ってください。特別な合図を決めておけば、子どももあなたが何を言いたいかわかるようになります。あまりに過剰に触りつづけるようであれば、なにか精神的な理由が潜んでいないか、保健師さんに相談してみましょう。

Q. **18カ月になる息子は、おしっこやウンチをしたいときは理解しているようで、出る直前におまるを指差して知らせてくれます。けれども、おまるに座ることに関しては、指示された通りにできないときもあり、ムラがあります。10〜15分間喜んで座っておしっこやウンチをすることもあるかと思えば、別のときにはおまるに座るのすら嫌がり、そこらじゅうを走りはじめます。**

A. 明らかにおしっこを我慢できるようにはなっているようです。しかしまだまだ幼く、おそらく気持ちの上で準備ができていないのでしょう。おまるを使うことに反抗的になってしまわないように、無理強いはしないでください。2週間ほどおまるを片づけて、その後再び準備編から始めてはどうでしょう。しかし、1日に2回はトイレに連れていって、あなたが何をしているか簡単に説明します。

その2週間の間に、服の脱ぎ着やおもちゃの片づけのお手伝いなどをお願いしてみましょう。まだ小さくはありますが、がんばり表も始めてみてください。進んでお手伝いをしてくれたときには、たくさんほめて星のシールをあげてください。たとえがんばり表が何かを完全に理解していなくても、毎日どれくらいの数のシールが貼られているかを見れば、彼がいかに協力的だったかをチェックできます。また、子どもに何かお願いするたびに枠に×印を書き込み、進んでお手伝いをしてくれたときにはその上からシールを貼ります。こうすることで、一目で子どもの協力度がわかります。

ほとんどの×印が星のシールで埋められる日が数日続いたら、おまるを再び取りだし、準備編を始めてください。子どもと一緒にトイレに行くことから始め、その後服を着たままおまるに座ってみるように促します。嫌がらず座る日が2～3日続いたら、夜と朝も5分を限度におまるに座らせてみます。成功したら、たくさんほめてシールをあげてください。徐々に座る時間を長くし、最長10分まで延ばします。

子どもが準備編の指示を一貫して聞くことができ、あなたが1週間のトイレトレに時間的にも気持ち的にも打ち込むことができると確信できるまでは、トイレトレ本番には進まないでください。

Q. **もうすぐ2歳の娘がいます。トイレトレが終わってから3カ月たちますが、いまだに週に2～3回おもらしをします。どのように対処すればいいでしょうか。トイレに行きたいときはもう自分でわかるはずだと思うのですが、期待しすぎでしょうか。**

A. かなり早い時期にトイレトレが終了していますので、時々おもらしをするのは当然です。数日、76ページで紹介したような表をつけて、おもらしにパターンがあるかどうかをチェックしてみましょう。子どもが遊びに夢中になったり、疲れすぎているときに起こりやすいようです。いつおもらしをするかが特定できれば、その時間に軽く注意を促してください。

しかし常に催促するのではなく、おもらしが起こりやすい時間のみ、トイレに行きたくないか聞いてみるようにしましょう。

おもらしをしても叱ってはいけませんが、ぬれていることと乾いていることの違いをもう一度確認させ、きれいなパンツをはいているほうがどんなに気持ちいいか説明してください。おもらしをしてしまったときは、自分でパンツを替えさせて、おもらしをしたらこういう結果になるのだということをわからせるのも重要です。

Q. **息子は20カ月です。1日に2回、5～10分ほどおまるに喜んで座りはしますが、実際におまるで何かをしたことはまだありません。このままおまるに座らせつづけるべきでしょうか、それともしばらく休んだほうがいいでしょうか。**

A. 彼がおまるに喜んで座っている間は、1日2回このまま座らせつづけ、上手にお座りができていることをたっぷりほめてください。しかし、まだ月齢も低いようですし、嫌がったり退屈している様子を見せたら中止しましょう。おまるを片づけて、2～3週間したらまたトライしてみてください。

引き続き喜んで座っているようであれば、1日2回おまるに座らせ、さらに1日2～3回あなたと一緒にトイレに連れていってください（33～35ページのアドバイス参照）。

この段階では、子どもが短時間喜んでおまるに座っていられること、そして簡単な指示に進んで従うことができることが目標です。こうしたことがこの段階では非常に重要です。いざおまるでおしっこをしはじめたときに、トイレトレ本番もスムーズに進みやすくなるからです。

Q. 息子がおまるを使用した後、空にしてきれいにするのを手伝ってもらったほうがいいでしょうか。

A.

トイレトレが終わると間もなく、子どもはおまるよりもトイレで用を足すほうを好むようになる場合が多いようです。その理由からも、特におまるの掃除を手伝わせるのに必死になる必要はないと考えています。子どもがどうしても手伝いたがる場合は、一緒にやるという条件のもと手伝わせてください。ひとりでやらせると、おしっこをこぼすこともあり、かえって余計な手間がかかることが多いからです。

またその際は、掃除用の洗剤などは子どもの手の届かないところに置いてください。私の知っている母親で、息子に抗菌剤をスプレーさせている人がいました。ところがある日、母親が制止する前にスプレーを手にした息子がおまるに抗菌剤をかけようとしたところ、あいにくノズルが逆方向を向いていたため、自分の眼にめがけて噴射してしまったのです。すぐに病院に駆け込み、病状を監視するために一晩入院することになりました。幸い後遺症が残るようなダメージはありませんでしたが、子どもにとっても親にとっても恐ろしい経験でした。

お手伝いをさせることにした場合は、水で洗い流すのを手伝わせるだけにして、消毒は後から行うようにしてください。

訳者あとがき

娘を2005年にロンドンで出産しました。里帰り出産を選択せず、近くに親族もいない私は、毎日夫と2人きりで娘の世話に奮闘していました。なにもかもが初めての毎日。24時間対応の子育て相談室に何度電話をしたかわかりません。「娘が5時間も眠っているんですが、どうしたらいいでしょうか」と聞いて失笑されたのも、今はいい思い出です。

主に日本の育児本を参考にしていた私は、赤ちゃんが飲みたいときに飲みたいだけおっぱいを飲ませるというアドバイス通りに、娘が泣いたら抱き上げて授乳をし、おっぱいを吸いながら眠ってしまったら、そのまま寝かせていました。「そのうち昼夜の区別がついて夜中に寝るようになるから、それまでがんばりなさい」と日本の家族に励まされましたが、頼れる人もおらず、夜眠らない娘を抱えて、24時間態勢の子育てにヘトヘトになっていました。

そんな私を見かねた夫の親族が、「イギリスのママならば誰でも知っている本がある。だまされたと思って読んでみては」と、とある育児本を勧めてくれました。その本を読んで初めて、日本とイギリスでは赤ちゃんの育児法に大きな違いがあると知ったのです。

その本には、母親が授乳や睡眠の時間を管理すれば、あっという間に夜通し眠る子に育つと書かれていました。半信半疑でしたが、藁《わら》をもつかむ思いで本の教え通りに数日過ごしてみることにしました。するとどうでしょう。今まであれほど苦労していた夜中の授乳回数が劇的に減り、夜通し眠る日もでてきました。寝かしつけの必要もなくなったため、自由になる時間も格段に増えました。娘は、夜にまとまった睡眠をとるようになったためか、日中もご機嫌で、状況は一転。その本こそが、ジーナ・フォードの『カリスマ・ナニーが教える　赤ちゃんとおかあさんの快眠講座』だったのです。

それ以降、私は子育てに関してなにか疑問があったときには、日本とイギリスの両方の情報を入手し、それぞれの国のいいところを取り入れることに決めました。そろそろトイレトレを始めようかなと思ったときに、再びジーナ・フォードの本に手が伸びたのは、自然な流れでした。

ジーナ・フォードは、「ナニー」と呼ばれる育児の専門家です。日本でいちばん有名なナニーは、メアリー・ポピンズでしょうか。日本ではあまり馴染みのない職業ですが、イギリスでは広く普及している育児サービスのひとつで、子どもを外に預けるのではなく、自宅で子どもの面倒をみてもらうことができます。

その中でも、住み込みで新生児の面倒をみる「マタニティ・ナース」と呼ばれるナニーがいます。ジーナ・フォードは、昼夜を問わず24時間つきっきりで母親と赤ちゃんのお世話をする、人気のマタニティ・ナースでした。新米ママには授乳の方法やお風呂の入れ方、そして寝かしつけのコツまで、ありとあらゆる子育てのノウハウを教え、必要な場合は、夜中の授乳も請けおいます。育児論を紙の上で語るだけの「育児の専門家」ではなく、保育士のように、家庭外の環境で子どもの面倒をみる人とも違います。母親にいちばん近い立場で何百人もの子どもの成長に深くかかわってきた彼女の実践的な経験に裏打ちされたメソッドが、世界中で多くの母親に支持されてきたのは、驚きに値しないでしょう。

私が娘のトイレトレを始めたのは、2歳になる1カ月前のことでした。いつものように、日本の方法とジーナ・フォードの方法を比較し、自分が納得のいく部分を実践することにしました。準備編を読むと、娘は十分トイレトレを始める準備ができているようでしたので、2歳になる前でしたが思い切ってトイレトレを始めてみることにしました。

1日目の朝からパンツをはかせて、「今日からおまるでおしっこをしようね。おしっこがしたくなったら教えてね」と言い聞かせました。しかし、それ以後特別なことをするわけでもなく、娘がおしっこやウンチをしたいときに教えてくれるものと思い込み、その瞬間をのんびり待って過ごしていました。もちろん思惑通りに事は進まず、5回のおもらしを処理して1日目が終了しました。

あまりにうまくいかなかった1日目を振り返り、もう一度しっかり本を読み込んでみると、最初のうちは15分おきに娘をおまるに誘う必要があると書いてありました。娘がひとりで機嫌よく遊んでいるときにはそのままにして、家事や雑用をすませていたために、おしっこのタイミングを見逃していたようです。

2日目は、昨日の失敗を活かして、娘を一日中追い回し、15分おきにおまるに誘ってみました。するとおまるに素直に座って、おしっこをしたではありませんか。結局その日は夜寝るまで一度もおもらしをすることはなく、大成功で一日が終わりました。

昨日の成功に気を許してしまったせいか、3日目は、娘から目を離す時間が再び増えてしまいました。そのせいでおもらしが何度も続きましたが、夕方以降は気持ちを入れかえ、つきっきりで働きかけたせいか、夜寝るまでに3回おまるでのおしっこを成功させました。

4日目には幼稚園の見学が控えていましたので、娘は外出中おむつで過ごすことになり、トイレトレは中断することになってしまいました。

結局私たちのトイレトレはここでいったん終了。3日間の経験で、トイレトレはやり方を間違えると、子どもにとっても親にとっても大きなストレスのもとになるということがよくわかりました。

ジーナ・フォードが本書の中で何度も書いているように、トイレトレは子どもだけではなく親の準備もできていなければ、なかなか短時間で成功に導くことはできません。私の場合は、まさにそのケースだったようで、娘の準備はできていたにもかかわらず、母親の私にその心構えができていませんでした。また、本を斜め読みしていたせいで、大事なポイントをきちんと押さえることができていなかったのです。トイレトレを始めるときは、外出の予定がない週を選ぶべきだという点も何度も指摘されていました。

私はその後、半年以上トイレトレをお休みし、娘が2歳半を過ぎた時点で再びトイレトレを始めました。前回の経験を踏まえて、本のポイントをきちんと押さえて行ったためか、娘はあっという間におまるに馴染み、数日でトイレトレは終了していました。

当時の記録を読み返してみると、私の準備ができていれば、おそらく最初のトイレトレで娘はおむつを卒業していたのではないかと思います。けれども、トイレトレは終わるのが早ければよいというものではなく、親にとっても子どもにとってもストレスなく終わることができるのがいちばん大切なのではないかと思います。半年以上遅くはなってしまいましたが、ストレスなく終了した2度目のトイレトレは、私たちにとってはベストのタイミングだったのでしょう。

本書には、トイレトレを進めるためのコツが随所にちりばめられています。ジーナのメソッドが、トイレトレの方法に悩むお母様方の選択肢のひとつになれば、これほど嬉しいことはありません。

最後になりましたが、今回本書を訳す機会を与えてくださった市川裕一さん、編集を担当していただくことになった伏見美雪さんには、懇切なご助言とご指導を賜りました。この場を借りて深くお礼を申し上げます。また、今年は息子の誕生にも恵まれました。仕事の間、家事や育児を積極的に手伝ってくれた夫、そして息子の最高の姉としてたくさんのお手伝いをしてくれた娘にも、感謝の言葉を贈りたいと思います。

〈著者紹介〉
ジーナ・フォード　Gina Ford
1960年、英国生まれ。上流階級や著名人、有名アーティストの家庭でカリスマ・ナニー（乳母）として働き、1999年に『赤ちゃんとおかあさんの快眠講座』を出版。その実践に徹したメソッドは口コミを通して徐々に広がり、夜泣きのひどい赤ちゃんをあっという間に夜通し眠る子に変身させる魔法のメソッドとして、多くの悩める母親のバイブルとなった。その著書は英国で最も売れている育児書として、累計100万部を超えるベストセラーとなり、アメリカ、中国、スペインなど世界各国で出版されている。現在は執筆のかたわら、育児コンサルタントとして活動中。

〈訳者紹介〉
高木千津子　Chizuko Takagi
1972年生まれ。ロンドン大学ゴールドスミスカレッジ修士課程修了。雑誌のイギリス通信員、朝日新聞社ヨーロッパ総局のアシスタント・コレスポンダントを経て、現在はロンドンで通訳・翻訳業に従事。２児の母親。

カリスマ・ナニーが教《おし》える
1週間《しゅうかん》でおむつにさよなら！
トイレトレーニング講座《こうざ》

2012年11月30日　第1刷発行
2022年9月30日　第9刷発行

著　者　ジーナ・フォード
訳　者　高木千津子《たかぎちずこ》
発行者　三宮博信
発行所　朝日新聞出版
〒104-8011　東京都中央区築地5-3-2
電話　03-5541-8832（編集）
03-5540-7793（販売）

印刷製本　株式会社 広済堂ネクスト

Published in Japan by Asahi Shimbun Publications Inc.
ISBN 978-4-02-251027-3
定価はカバーに表示してあります。
落丁・乱丁の場合は弊社業務部（電話03－5540－7800）へご連絡ください。
送料弊社負担にてお取り替えいたします。